KB067608

# 호감의
# 시작

일러두기

- 본 도서는 국립국어원 표기 규정 및 외래어표기법 규정을 적용했습니다. 다만 일부 입말로 굳어진 경우는 저자의 표기를 따랐습니다.
- 본 도서는 저자의 환경 보호 의도에 따라 FSC 인증 친환경 용지로 인쇄되었습니다.

# 호감의 시작

*The beginning of attraction*

희렌최 지음

관계 · 일 · 인생이 풀리는 매력의 법칙

북로망스

## 추천의 글

인간의 삶은 본질적으로 수많은 관계로 가득하다. 매력적인 사람으로 비추어지고 유연하게 소통하며, 누군가에게 호감을 얻는 일은 상당히 중요하다. 상대의 마음을 움직이는 기술은 생각지 못한 행운을 가져다주기도 하고 인생 전반에 큰 힘이 된다. 희렌최는 처음 보는 사람의 마음을 열어 깊은 이야기를 이끌어내는 베테랑 인터뷰어다. 이 책에는 사람의 마음을 다정히 두드리는 그만의 노하우가 가득 담겼다. 막연한 용기를 주는 것이 아니라 자기만의 매력을 발견하고 키워내 일, 관계, 삶을 잘 풀어나갈 구체적인 방법을 제시한다. 책장을 뒤로 넘길수록 자신감이 쌓인다. 성공적 관계 맺기를 꿈꾸는 많은 이들에게 희망을 전하게 될 책이라니, 반갑기 그지없다.

**손미나(작가, 前 KBS 아나운서)**

나다운 삶, 아름다운 외모, 부자 되기 등 세상엔 많은 사람이 다양한 욕구를 품고 살아간다. 이 모든 바람은 결국 호감으로 귀결된다. 자신의 매력을 뽐내고 긍정적인 기운을 불러일으키기 위해 우린 끊임없이 노력하고, 성공하고, 속상해한다. 아무리 좋은 유전자를 지니고, 피나는 노력으로 자신을 업그레이드했어도 호감을 발산하지 못하면 무슨 의미가 있을까. 무엇부터 해야 할지 모르거나 열심히 했는데 왜 아직 멀었을까 의문이 든다면 이 책이 답을 줄 것이다.

오랫동안 자신의 단점을 장점으로 승화시키고, 약점에 대처한 희렌최의 이 책은 스스로를 매력적인 존재로 느껴지도록 돕는다. 단순한 방식의 나열이 아니라 스토리가 있어 무엇보다 흥미진진하다. 우리가 꿈꾸는 삶의 시작이자 화룡점정의 역할을 할 책이다.

**윤홍균(정신건강의학과 전문의, 《마음 지구력》 저자)**

만나면 기분이 좋고, 에너지가 샘솟아 다음에 또 만나고 싶은 사람이 있다. 나에게 희렌최는 그런 호감을 주는 사람이다. 어떤 상황이든 늘 긍정적이고 빛나는 매력의 비결이 궁금했는데 이 책에서 답을 깨달을 수 있었다. PD로 일했고 커뮤니케이션 코치, 크리에이터로 살아가는 그녀는 그동안의 경험을 이 한 권에 응축해 자신만의 매력을 찾아가는 법을 풀어냈다. 내 안의 씨앗을 어떻게 꽃 피워야 나에게도, 상대에게도 좋은 관계를 만들 수 있는지 알려준다. 조금이라도 더 호감을 얻고 싶어 하는 이들에게 건강한 매력을 배우게 하는 책이다.

**최서영(작가, 60만 라이프스타일 크리에이터)**

커뮤니케이션 분야 1위 크리에이터가 알려주는 호감의 기술이라면 말투와 발음, 미소와 경청의 기술 같은 걸 기대할지도 모르겠다. 미안하게도, 아니 너무 다행스럽게도 이 책은 그런 책이 아니다. 호감을 얻기 위해 내가 아닌 존재가 되어야 한다고 말하는 책이 아니라, 있는 그대로의 나를 포용하게 만드는 책. 내 단점을 나만의 키워드로, 나의 특이점을 매력으로 바꿔주는 책. 그렇게 스스로를 호감 가는 존재로 바라보게 만드는 책이다. 내 호감의 시작이 이 책이라 얼마나 다행인가. 멀리 헤매지 않고 가까이에서 나의 매력을 찾게 만드니 말이다. 심지어 그토록 매력적인 희렌최 작가가 자신의 매력을 찾은 여정까지 꼼꼼히 기록해 놓았으니 우리는 그가 찾은 지름길을 따라 걷기만 하면 된다. 바로 이 책으로.

**김민철(작가, 《내 일로 건너가는 법》 저자)**

**프롤로그**

    호감이 넘실대는 곳에서 커리어를 시작했다. 웃음이 나는 애정 고백이 오가고, 사람들이 노래를 부르며 마음껏 웃고 떠드는 곳. 방송국이었다. 그곳에서 나는 라디오 프로그램을 제작하는 PD로 일했다. 정통 라디오와, 또 라디오 형식의 뉴미디어 콘텐츠를 만들며 수많은 방송인을 만났다.

    개성 넘치는 사람들이 워낙 많은 까닭에 미디어 회사에서의 삶은 고되고 어렵기도 했지만 적어도 내가 연출한 프로그램은 사랑이 가득했다. 매주 아이돌 가수가 출연하는 콘텐츠를 만들던 당시, 팬들이 보낸 사연에는 애정 가득

한 주접 멘트가 아낌없이 담겨 있었다. 생각지도 못한 재치 있는 묘사나 비유가 넘쳐났다. 팬들의 필터를 거치면 '예민함'은 '예민미'로, '고장 난 손'은 '매직 핸드'가 되었고 단점이라고 보일 수 있는 모습까지 매력으로 둔갑했다. 그들의 표현대로 출연자를 보기 시작하자 내가 미처 보지 못했던 아름다움이 보였다. 함께 콘텐츠를 만들어가는 동료 혹은 제작자의 관점에서 출연자들을 생각할 때는 알 수 없던 모습을 발견하게 된 것이다. 그러면서 깨닫게 된 것이 있다.

'호감은 시작된다. 그 사람을 다시 한 번 바라보게 할 수 있다면.'

호감을 얻고 싶었던 순간이 많다. 하지만 일을 하고 관계를 맺을수록 인간관계는 늘 새롭고 어려웠다. 연차가 쌓이면 나아지는 일의 기술에 비해, 관계의 기술은 그렇지 않다는 것을 체감하며 항상 고민이 됐다. 그래서 청취자들이 보낸 진심이 더욱 크게 다가왔다. 그들의 눈처럼 상대를, 또 나 자신을 세세히 바라볼 수 있다면 호감의 싹은 자라날 것이다.

관심을 갖게 하는 것으로부터 호감이 시작된다. 보고 또 보다 보면 상대의 좋은 점을 알게 되고, 그러다 호감이 가는 것이 사람의 심리다. 그런데 사실 바쁜 일상에서 상대가 나를 다시 한 번 보게 만드는 일 자체가 쉽지 않다. 타고나기를 반짝이는 극소수의 사람들을 제외하면, 대부분 상대에게 깊은 관심을 받지 못하니 말이다. 그래서 스치는 우연을 인연으로 붙잡고 싶다면, 호감을 얻고 좋은 관계를 만들어 가고 싶다면 나부터 돌아봐야 한다고 생각한다. 호감의 눈으로 나 자신을 찬찬히 들여다보면 긍정적인 마음이 쌓여 빛나는 모습으로 비칠지도 모르니까.

나는 오랫동안 나보다 남에게 호감 어린 시선을 보냈다. 20대 초반에는 영화학도로, 사회생활을 하면서는 PD로 카메라 뒤에 서서 타인을 조명했다. 하지만 방송국을 떠나 개인 미디어를 운영하면서부터 바뀌기 시작했다. 아니, 바뀌어야만 했다. 쏟아지는 영상 속에서 한 번이라도 날 보게 만들려면 내가 빛나야 했다. 나다움을 지키며 시청자에게 호감 가는 모습을 끌어내기 위해 과거의 내가 출연자를 바라봤던 것처럼 나를 관찰했다. 그러면서 몰랐던 장점이 보

호감의 시작

였고, 그렇게 억지로 꾸며내기보다 있는 그대로의 모습을 드러내니 세상도 나를 받아들여 주기 시작했다.

나는 여전히 내가 좋다가 싫다. 싫다가도 또 좋다. 아마 평생 왔다 갔다 할 것이다. 하지만 그렇게 좋고 싫음을 반복할 수 있다는 것 자체에 희망이 있다고 믿는다. 좋고 싫음 역시 관심에서 나오기 때문이다. 관심을 갖고 나를 지켜보다 보면 더 나아질 수 있는 방향을 찾게 된다. 나아지는 내 모습에 다시 스스로에 대한 호감이 생길 것이다.

수많은 인간관계에서 가끔 방향을 잃을 때가 있다. 그럴 때 나는 닮고 싶은 매력적인 사람들의 태도를 생각한다. 부드러우면서도 단단한 자신만의 오라가 있는 사람들이 타인을 어떻게 대했는지, 그리고 힘들 때 스스로 어떤 말을 해줄 수 있을 것인지. 신기하게도 멋지다고 느낀 사람들과 함께했던 순간을 떠올리는 것만으로도 환기가 된다.

잊지 않기 위해 떠올리고 메모하고 관찰해 둔 매력적인 이들의 기록이 차곡차곡 모여 한 권의 책이 되었다. 내가 기록한 다양한 빛깔의 매력이 당신에게도 스스로를 발견하고 재조명하는 힌트가 되었으면 한다.

# 차례

## 2장

# 호감 가는 사람을 관찰한다

**3장**

**나의
편을
만든다**

## 4장

# 독보적
# 매력을
# 갖춘다

# 1장

# 나를 보는
# 눈을
# 바꾼다

호감 가는 사람들의 공통점은
자신만의 매력이 있다는 것이다.
그런데 매력은 상대적이므로
관점에 따라 달라진다.
오히려 나의 단점도
매력의 재료가 될 수 있다는 뜻이다.

그러니 있는 그대로의 나를
이해하고 포용하는 연습을 해보자.
호감은 나 자신으로부터 시작된다.

# 가진 것에
# 매달리기로 했다

"침대는 가구가 아닙니다. 과학입니다."

어린 시절 TV에서 접한 모 침대 회사의 광고 문구다. 수십 년이 지났지만 아직도 선명히 기억한다. 당시 초등학생들이 가구가 아닌 것을 고르라는 문제에 침대를 선택하며 이슈가 되었던 것까지, 사람들의 머릿속에 자리 잡는 데 성공한 카피였다. 브랜드를 론칭할 때 광고주는 브랜드 이미지를 만들고 대중에게 구체적인 특징을 각인시키는 데에 중점을 두는데, 광고주의 의도대로 해당 침대 브랜드는 과학적이며 신뢰도가 높은 이미지를 얻게 되었다. 돌이켜 보니 더욱 흥미로운 건 광고 문구가 인상 깊었던 것에 비해 침대 디자인 같은 '이미지'는 딱히 기억에 없다는 것이다. '백문이 불여일견'이라는 말이 있을 정도로 이미지의 힘은 문자에 비해 강한 편이다. 그러나 잘 만든 문장이나 키워드는 그를 뛰어넘는다. 침대가 과학이라는 문구처럼 우리의 기억에 저장되어 무의식 속에서 이미지를 형성하며, 때론 이미지보다 강력한 힘을 발휘한다.

이미지가 더욱 화두에 오르는 시대임에도 텍스트의 힘을 무시할 수 없는 이유가 여기에 있다. 모니터와 스마트폰 액정 속 사진은 즉각적이고 트렌디하지만, 쏟아지는 이미지의 홍수에서 빨리 휘발되기 쉽고 그만큼 기억에 남기 어렵다. 반면 책 속의 명문은 누군가의 가슴속에서 평생을 살아 꿈틀댄다. 명작의 문구가 시대를 막론하고 사랑받으며 새롭게 부활하고 재해석되는 것처럼 말이다. **빨리 가려면 이미지가 중요하지만 오래 가려면 텍스트에 공을 들여야 한다고 믿는 이유다.**

일례로, 꾸준히 잘되는 스타나 인플루언서들은 이를 잘 알고 있다. 사용하는 단어의 조합이나 단어 선택에서 번뜩

호감의 시작

이는 아이디어와 매력이 느껴진다. 우리는 여기에서 호감에 대한 힌트를 얻을 수 있다. **많은 이들에게 어필되고 사랑받는 사람들을 보면 단점도 재미있게 포지셔닝하고 끌리는 키워드로 긍정적인 이미지를 만들어낸 경우가 많다.** 그중에서도 특히 '키워드 선점'을 잘한 사람들이 자신의 입지를 빠르게 확보했다. 대중적으로 좋아할 만한 단어들을 새로 조합하거나 선점해 무의식 속의 호감 세포를 건드리니, 사람들은 낯선 얼굴에 대한 경계심을 풀고 마음을 여는 것이다.

예전에 경력직 자기소개서를 쓰며 나는 신선한 매력 어필의 중요성을 뼈저리게 느꼈다. 원하던 곳 여러 군데에 지원했지만 1차 서류부터 탈락이었다. 수소문해서 최종까지 합격한 선배들의 자소서를 받아봤다. 비교해 보니 내 자소서는 첫 문장부터 지루했다. 더군다나 나는 방송국 라디오 PD로 경력을 쌓았기 때문에 통통 튀는 아이디어와 작문 실력이 누구보다 중요한데 이를 놓치고 있었다. 타인을 매력적으로 비춰주고 소개하는 사람이, 가장 중요한 순간에 나 자신을 어떻게 어필해야 할지 몰랐다. 첫 문장부터 평범하

고 지루하니 그다음에 이어지는 이야기가 매력적일 리가
만무했다.


"라면 먹고 갈래?"


실수를 깨닫고 도입부를 이런 식으로 바꿨다. 내 경력을
나열해 보니 영화 〈봄날은 간다〉의 주인공들과 비슷했다.
이영애처럼 라디오 PD로 살았고, 그 이전에는 영화를 공부
하며 유지태처럼 음향을 녹음하고 만들었으니 영화 속 명
대사를 연결 지어 보았다. 예능에서도 활용되던 유행어를
첫 문장에 쓴 뒤, 이영애라는 매력적인 스타의 이름을 넣어
이미지를 만들었다. 배우 오디션이 아니라 PD 자소서에 등
장하기 어려운 이름과 문구라는 판단에서 배우들을 활용했
다. 수정한 자소서로 다시 지원한 후 하나둘 서류에 합격하
기 시작했다. 면접관은 영화학도에서 라디오 PD로 이어진
경력에 관심을 가졌고, 마침내 원하던 회사 중 한 곳에 이
직할 수 있었다.
이후 방송국을 떠나 유튜브 채널을 시작하며 나를 알
려야 했을 때도 키워드 선점에 신경 썼다. 사람들이 나에

게 궁금해하는 것, 반응이 오는 키워드들을 모아보니 채널의 방향성이 정리되었다. 구독자들은 내 목소리, 말투, 화법, 그리고 '매력'이라는 키워드에 집중해 주었다. 초기에 삶의 노하우 채널로 방향을 잡았다가 화술, 인간관계 속 매력으로 주제를 바꾸고 나서 구독자 65만 명이 넘는 채널로 성장했다. 핵심 요소 한두 가지에 집중하다 보니 어느 순간 커뮤니케이션 분야 1위 유튜브라는 타이틀도 얻게 되었다.

누군가가 이렇게 말했다. 이미 레드오션인 유튜브 시장에서 사랑받으려면 외모가 남다르게 잘생기고 예쁘거나, 말을 웃기게 잘하거나 그것도 아니면 요리나 무엇을 만들어내는 손재주가 있어야 할 거라고. 나는 해당 사항이 없었다. 그래서 내가 아는 것, 내가 가진 것들을 극대화하려고 노력했다. 나는 이영애처럼 독보적인 외모도 아니고, 유재석처럼 웃음과 감동을 다잡은 뛰어난 코미디언도 아니고, 아이돌처럼 팬덤이 있어서 초기 팔로워를 모을 힘이 있는 사람도 아니었다. 하지만 채널을 운영하고 매주 구독자들과 소통하며 **지금까지 콘텐츠를 만들 수 있는 이유는 내가 갖지 못한 것을 아쉬워하기보다 내가 갖고 있는 것**

**을 강조해 '매력화'했기 때문이다.** 물론 못하는 부분도 있지만 잘하는 것을 강조하면 긍정적으로 봐주는 사람들이 더 많다. 내 채널과 비슷한 이야기를 담은 콘텐츠는 세상에 또 있을 것이다. 그러나 나의 목소리와 말투, 표정으로 진심을 담아 이야기할 수 있는 사람은 나 한 명이다. 이는 슬럼프를 겪던 시기에도 꾸준히 영상을 올릴 수 있는 힘이 되었다.

소통과 관계에 대한 고민을 다루고 교육하는 일을 하면서부터는 키워드 수집에 더욱 열중하고 있다. 대화하면서 활용하면 효과가 배가 되기 때문이다. 나를 브랜딩하고 호감을 높이는 가장 빠른 길이 '말'이다. 긍정적으로 말하면 긍정적인 이미지가 생기고, 부정적인 상황도 새롭게 해석해 좋게 표현하면 여유로움이 느껴져 더욱 매력적으로 보인다. 각박한 현대사회에서 늘 부드럽게 대처하며 상황을 둥글게 만드는 힘은 그 사람이 선택하는 언어에 있다. 평소 그렇게 생각했기 때문에 대화에도 자연스럽게 묻어나는 것이다.

매력화는 나를 잘 드러내는 방법이다. 해석하기에 따라 다른 유동적인 행동이나, 부정성이 강한 표현까지 어떤 말도 나의 매력으로 탈바꿈할 수 있다. 그뿐만 아니라 내가 가진 가능성도 매력으로 발전시킬 수 있다. 입사를 위한 자기소개서를 쓸 때도, 인간관계에서도 호감을 주는 매력이 될 수 있다.

"그게 내 매력이야."

간혹 영상에 악플이 달리면 '그게 내 매력'이라고 혼잣말을 한다. 정말 그렇다. 다른 사람에게는 비난의 요소가 될지라도 **내가 '매력'이라는 키워드라고 이름을 붙이는 순간, 나 자신도 그렇게 믿게 된다.** 매력은 해석하기에 따라 달라지는 주관적인 영역이다. '너는 그렇지 않구나, 난 그런데'라는 마인드로 나를 있는 그대로 사랑할 수 있도록 해보자. 우리가 소비하는 물건만 봐도 그렇다. 다수에게 사랑받는 디자인은 있지만 모두에게 사랑받는 절대적인 디자인은 없지 않은가. 나라는 사람도 누군가에겐 긍정적으로 또 누군가에겐 부정적으로 느껴질 수 있다. 그러니 나만은 스스로를 높이 세워주자. 그렇게 여기지 않은들 또 어떤가. 나에 대한 호감의 시작이자, 누군가 얻어걸린 사람이 한 명이라도 있다면 그걸로 충분하다.

호감의 시작

✦　✦　✦

# 내 안의 매력 재료를
# 발견하는 법

살면서 어른스러워 보인다는 말을 숱하게 들어왔다. 집에
서는 맏이인 데다 큰 키로 인해 학창 시절에는 늘 뒷자리에
앉았고, 고등학생 때 사복을 입으면 출근하는 거냐는 소리
를 들었으며 연장자들은 오히려 나를 동생이 아닌 언니나
누나로 여기곤 했다. 어른스럽다는 말도 반복되면 애늙은
이 취급을 받는다. 나는 귀여운 이미지를 가지고 싶었고 귀
여운 사람들을 부러워했다. 그래서 사회 초년생 때 막내로
서 귀여움을 어필할 기회를 노렸건만 그마저도 날아갔다.
입사한 지 6개월도 안 되어서 후배가 들어온 것이다.

애늙은이 같은 모습에서 벗어나고 싶었는데, 그쯤 되니 귀여운 이미지가 나를 필사적으로 피하는 게 아닌가 싶었다. 반년도 안 되어 인생 첫 막내 자리가 사라진 후 나는 받아들였다. 내겐 귀여움이 없다는 것을. 그렇다면 귀여움이 없는 나에게는 어떤 장점이 있을까. 먼저 귀여움과 반대되는 이미지를 차례대로 떠올려보았다.

애늙은이 → 어른스러운 사람 → 의젓한 사람 → 성숙한 사람 → 우아한 사람

이거다 싶은 단어들이 걸렸다. 나는 귀엽진 않지만 친구들과 선배들이 의지할 만큼 어른스러운 면이 있다. 성숙한 스타일의 옷도 잘 어울리는 편이고 자주 진지해지곤 했으니 성숙함이 나의 특징일 것이다. 그렇게 본연의 모습을 부정하는 대신, 이미 가진 것에 집중해 보기로 했다. 약점이나 단점, 갖지 못해서 생긴 모습들을 긍정적인 단어로 바꿔보니 내가 가질 수 있는 매력으로 느껴졌다.

생각해보면 나는 라디오 PD로 일하면서 출연자들의 매력을 발견하고 이를 프로그램에 최대한 녹여왔다. 그들에

게 해준 것처럼 **나의 인생도 프로듀싱이 필요하다**고 생각했다. 전 국민에게 사랑받은 〈무한도전〉이 떠올랐다. 내가 김태호 PD라면, 유재석이라면 나라는 캐릭터를 어떻게 만들어줄까?

〈무한도전〉은 출연진의 단점에서 매력을 발견하고 이를 캐릭터화한 대표적인 프로그램이다. 이전에는 빛나지 못했던 출연진의 캐릭터를 발굴하고, 별명으로 만드는 유재석의 능력은 아직도 그를 대체 불가한 국민 MC로 불리게 하는 이유 중 하나일 것이다. 그는 호통을 치고 상대를 공격하는 화법을 쓰는 박명수의 약점을 찾아내 하찮은 이미지를 부각하고 허점을 짚어내며 캐릭터를 입체화했다. '찮은 이형'이라는 캐릭터가 생긴 박명수가 어떤 공격성을 띠어도 하찮고 허술하게 느껴지고 일종의 소형견 같은 외침으로 시청자에게 받아들여졌다. 이후 '별명 왕'이라는 별명이 생길 정도로 박명수에게는 다양한 캐릭터가 생겼다. 재미있는 별명을 선점할수록 매력이 짙어졌고 인기가 높아졌다.

**매력을 살리려면 PD처럼 생각해 보자. 김태호라면, 나영석이라면 나를 어떤 캐릭터로 부르고 띄워줄 것인**

가? 보다 객관적으로 나를 바라볼 수 있기 때문에 고민하는 것만으로도 힌트가 생긴다. 이 과정에서 단점은 오히려 매력의 재료다. 장점에서 매력이 탄생하고, 캐릭터가 되기도 하지만 단점에서 출발하면 매력을 편하게 끄집어내는 데 도움이 되기 때문이다. 우리의 뇌 구조 자체가 그렇다. 뇌 과학에 의하면 우리의 뇌는 부정적인 사건을 오래, 강렬하게 기억하는 부정 편향성이 있다. 적의 공격으로부터 생존하기 위해 부정 편향이 강해진 것이다. 장점을 떠올리는 것이 쉽지 않고 단점만 생각난다고 해도 자연스러운 현상이니 자책하지 말자. **단점을 미워하는 대신 나의 모습을 인정하고 그 속에서 키울 수 있는 부분을 매력의 재료로 활용하자.**

이후 유튜브를 시작하며 캐릭터를 설정하는 과정에서도 이때 잡은 이미지가 도움이 되었다. 나는 개성이 강하거나 말이 빠르진 않지만, 차분하고 듣기 편하다는 이야기를 들은 적이 많았다. 웃기진 않아도 따뜻한 공감은 가능했다. 당시에는 TV 방송처럼 정제된 톤으로 말하는 유튜버가 많지 않았다. 예능처럼 일상적인 어투를 쓰거나 재미에 집중한 영상이 대세였던지라 나의 특징을 강조한 편안한 방송

호감의 시작

이 사람들에게 호감을 줄 수 있었다.

'목소리가 허스키하다', '말이 느려서 답답하다', '재미없다' 등 지금도 부정적인 피드백이 달릴 때가 있다. 그러나 상처받지 않는다. 나도 아는 내 모습이기 때문이다. 오히려 상처가 되는 말은 내가 모르던 나의 단점, 혹은 비판을 가장한 비난이다. 그러니 상처받지 않기 위해서라도 나의 약점이나 단점을 직면하고 인정하는 과정이 중요하다. 부정적인 말을 들었다고 하더라도 이미 수용하고 승화한 것이라면 치명타가 되지 않을 것이다.

건강한 사람은 누구나 약점이 있다는 것을 인정하고 자신의 약점과 나약함도 자연스러운 것으로 받아들인다.

– 고든 올포트Gordon Allport

마음이 건강한 사람은 시간이 지날수록 빛난다. 그러기 위해 나는 내 모습을 긍정적으로 프레이밍하려고 한다. 단점인 모습을 장점으로 바꿔 생각하거나 발전시키면 사람들은 개성 혹은 매력으로 바라봐준다. 그러니 내 인생의 PD로서 나를 위한 네이밍을 해주자.

코로나 팬데믹으로 집에만 있던 시기에 '올드 패션드'라는 칵테일에 빠진 적이 있다. 레시피는 생각보다 단순했다. 데코레이션 역할을 하는 체리나 오렌지를 제외하면 버번위스키, 각설탕, 그리고 앙고스투라 비터스라는 향신료 몇 방울이 메인이었다. 버번위스키에 각설탕이 들어갔을 때는 평범했던 술이, 앙고스투라 비터스 한 방울을 넣으니 스파이시한 풍미가 생겼다. 따로 먹으면 씁쓸한 시럽이 위스키와 섞여 감칠맛이 난 것이다. 이는 우리의 매력과 닮았다. 아프고 씁쓸한 면이 있어도 앙고스투라 비터스처럼 개성으로 활용했을 때 매력을 완성시키는 훌륭한 재료가 되는 것처럼 말이다.

**희렌최널 유튜브**
내가 가진 매력, 두 배로 키우는 법

**센스
노트**

# 나의 매력 재료를 찾기 위한
## To do list

- ☑ 내가 생각하는 나의 이미지를 키워드로 적어보기
- ☑ 타인이 공통으로 말하는 나의 이미지나 특징 적어보기
- ☑ 내가 원하는 이미지나 특징은 무엇인가 떠올려보기
- ☑ 원하는 이미지와 내 특징의 괴리가 크다면,

  이미 가진 특징을 강화하는 쪽으로 방향 틀어보기
- ☑ 그동안 들어온 단점을 나열한 후, 긍정적인 단어로 바꿔보기

  (예: 느리다→여유롭다, 예민하다→섬세하다)
- ☑ 내가 PD라면, 나를 어떤 캐릭터로 표현할 것인지 생각해 보기
- ☑ 지금까지 나열한 키워드들을 종합해 마음에 드는 순서대로 정리하기

# 호감의
# 기본 조건

덕질은 사람을 겸손하게 만든다. 한 우물만 깊이 파 본, 소위 말하는 '덕력'이 높은 사람을 내가 높게 사는 이유이기도 하다. 어떤 분야든 꾸준히 파다 보면 잘 알고 있는 줄 알았는데 사실 아는 게 없다는 것을 알게 된다. 알면 알수록 모른다는 것을 깨닫게 되는 것이다. 그래서 여태 알던 지식이 얼마나 좁고 얕은 것이었는지에 대한 경험이 중요해진다. 경험이 쌓이며 나의 한계를 깨달을 때, 겸손한 마음이 커진다.

어릴 때 나는 영화를 만드는 영화인이 꿈이었다. 그렇

게 부푼 마음으로 입학한 대학교에서 겸손함을 제대로 배웠다. 1학년 때 수강한 '영상과 음향' 수업에서였다. 하나의 주제로 각자 짧은 영화를 만든 뒤, 강의실에서 다 함께 보며 영화 GV<sup>Guest Visit</sup>처럼 합평하는 수업이었다. 나의 첫 영화는 처참했다. 예술학교 특성상 이미 프로덕션에서 직접 CG를 만들다 입학한 동기부터, 상업 드라마 제작을 경험하며 연출을 비롯해 직접 연기까지 해내는 동기들이 많았다. 다재다능한 영화 마니아들 사이에서 나는 한없이 작아졌다. 이후 몇 번 더 깨지고 나니 내게 어떤 능력이 부족하고 무엇을 더 공부해야 하는지 보였다. 그때부터 나는 타인이 만든 영화에 대해 함부로 평가하지 않게 되었다.

두 번째로는 커리어를 한창 쌓기 시작한 이후 어느 드라마에 출연하고 나서였다. 처음부터 연기하기로 한 게 아니었다. 원래는 내레이션을 메인으로 한 브이로그 형식의 영상을 찍기로 했고, 라디오 프로그램 연출 외에 DJ로서 진행도 해본 적이 있기에 좋은 경험이 될 것이라고 생각했다. 그런데 어느 순간 드라마 형식으로 발전되어 영화과 학부생 시절에도 꺼렸던 연기를 뒤늦게 시도하게 됐다. 라디오 진행 덕분에 목소리 연기는 나름대로 어떻게든 했는데 표정 연기는 내 관할이 아니라는 사실을 깨달았다. 자유분방하게 움직이거나 경직되는 얼굴 근육, 대사를 소화하지 못하는 내 모습에 시간을 돌이키고 싶었다. 그날 밤 침대에 누워 메모장을 켜서 이렇게 썼다.

**'경험은 겸손을 배우는 일이다.'**

그때 겪은 연기는 겸손의 분야를 확장해 주었다. 카메라와 마이크 뒤에서 연출자로 10년 넘게 일하며 공감하지 못했던 연기자의 입장을 그제야 알았다. 직업인이니 당연히 잘해야 한다고 여겼던 그들의 연기를 다시 생각하게 되었다. 사람의 마음을 움직이는 연기가 나오기까지 많이 노력하고 마음을 써야 했을 것이다. 해본 적 없던 일, 타인의 일에 한 발 디뎌 본 경험은 그 일을 하는 사람들에 대한 존중의 마음을 길러줄 수 있다. 이후에도 나는 한 발 한 발 인생의 걸음을 내디딜 때마다 조금씩 더 겸손해졌고, 겸손해지고 있다.

자신이 경험하지 않은 영역일수록 타인이 성과를 내기 위해 어떤 노력을 했는지 잘 알지 못하기 때문에 쉽게 말을 없게 된다. 방송국에서 프로그램을 만들 때 제작에 대해 가볍게 말하던 관리자들이 간혹 있었다. PD가 무슨 일을 하고 프로그램이 어떻게 만들어지는지 세세하게 모르기 때문에, 자신이 상대방의 노력을 깎아내리는 줄 인지하지도 못했다. 그런 사람들이 최종 결정권자가 되고 개편의 칼날을 아무렇게나 휘둘렀을 때, 실무자들은 무력감에 휩싸였고 방송이 산으로 갔다.

그럼에도 마음 씀씀이가 큰 사람을 만나면 에너지를 얻는다. 방송국에서 100팀이 넘는 스타들과 일했고 현재는 유튜브를 통해 지식인, 사업가, 학자들을 인터뷰하며 수없이 배우고 있다. 전 국민이 아는 유명인으로 부와 명예를 가졌는데도 나태해지지 않고 신인의 자세로 계속 발전하려는 태도, 자신만의 분야에서 내로라하는 지식인임에도 겸양을 내비치는 인생의 선배들을 만나면 나는 기꺼이 작아진다. 꾸준히 발전하는 사람들은 많은 경험을 하고 그만큼 더 알고 있다. 많이 안다고 해서 교만하지 않다. 아는 만큼 상대의 입장을 헤아리는 역지사지의 미덕을 갖추고 있기에 저절로 호감이 생긴다.

덕질만큼 겸손해지는 또 하나의 분야가 있다. 바로 독서다. 책을 통해 나와 다른 처지에 놓인 타인의 삶을 들여다보고 생각을 읽을 수 있다. 시간과 공간의 제약을 넘어서 책으로 여러 인생을 간접 경험하다 보면 또 한 번 겸손해진다. 나라는 세계가 얼마나 좁고 작았는지, 지식은 얼마나 지엽적이었는지 깨닫게 된다. 그러니 우리는 멈추지 말고 무엇이든 내가 좋아하는 것을 보고 듣고 겪어야 한다. **미지의 세계에 대해 꾸준히 견문을 넓히는 사람은 나를 이해하고 타인까지 포용할 수 있으니까.**

# 나에게
# 오글거릴 용기

바쁜 시기, 일에 열중하다 보면 건조하다 못해 서로가 감정 없는 AI처럼 느껴지는 때가 있다. 스몰 토크는 거의 하지 않고 일에 방해되는 모든 것을 차단하는 로봇처럼 삭막한 분위기다. 그런 상황에서 누군가가 던진 덕담이나 상냥함이 신선하게 느껴질 때가 있다. 따스한 칭찬이 딱딱해진 분위기를 풀고 관계를 북돋는다. 똑같이 힘들 텐데도 독려하는 마음씨가 느껴져 그 사람에 대한 호감이 커지기도 한다. 하지만 문제는 그 마음을 오글거리거나 느끼하다고 투덜거리는 순간부터 시작된다. 주변 사람과 말을 했던 본인

( 37 )
1장. 나를 보는 눈을 바꾼다

까지 어색해질 수 있다. 그럴 때 나는 느끼한 게 좋다고 일부러 말한다. 느끼한 사람과 느끼한 표현을 좋아한다고. 그럼 순식간에 대화의 공기가 바뀐다. 한술 더 뜨면서 또 해달라고 뻔뻔하게 요구하면 어느새 다른 사람들까지 합세해 나를 당황하게 하려고 느끼한 말을 하고 어색해진 분위기가 장난스럽게 변한다.

'오글거린다'라는 말이 보편화되면서 말과 행동에 제약이 생긴 듯하다. 대표적으로 다정한 응원이나 따뜻한 말들, 감성적인 표현을 두고 오그라든다고 한다. 서로 주고받는 다정함을 막는 프레임이 생기면서 말을 하려다가도 주저하게 된다. 일상이 점점 삭막해지는 것 같아 어느 순간부터 나는 느끼한 것이 좋다며 소소한 투쟁을 시작했다. 온기가 담긴 긍정적인 이야기라면 어색한 표현일지라도 받아들였다. 오글거린다는 반응이 돌아올까 봐 눈치 보며 대화하는 일이 없었으면 해서다. 조금 민망해도 인간관계에서 건네는 따뜻한 말은 큰 힘과 동력이 되었으니까.

그런데 관계 속에서 간지러운 대화들은 받아들일 수 있었지만, 이상하게 나 자신에게는 한 치의 느끼함도 허용하

호감의 시작

지 않고 엄격하기만 했다. 내가 애써서 해내는 일들을 당연 시하게 되었고, 해내지 못한 부족함만 확대 해석했다.

스스로에게 가혹하기 전에 나에게도 오글거릴 용기를 줘야겠다고 생각했다. 우리는 자신을 진정으로 아끼고 사 랑하는 사람, 자존감이 높은 이에게 호감과 매력을 느끼므 로. 게다가 이미 많은 심리학자가 나 자신에게 낯간지러운 말과 행동을 하는 것이 긍정적인 감정을 불러일으키고 성 장에 도움이 된다는 것을 입증했다. 자신에게 까다롭거나 완벽주의 성향이 강할수록 다음의 방법들을 시도해 보자. 타인에게 호감을 얻기 위해 노력하기 전, 나 자신에게 먼저 호감을 느낄 수 있게 하는 과학적인 방법이다.

## 1. 나를 이름으로 불러줄 것

"희렌이는 충분히 능력 있어. 잘할 거야."

성인이라면 스스로를 삼인칭으로 칭하는 것을 영유아 기 이후로 해본 적이 없을 것이다. 그런데 나와의 대화에 서 시점만 조금 바꿔도 기분을 긍정적으로 환기할 수 있다는 연구 결과가 있다. 심리학자 이선 크로스<sup>Ethan Kross</sup>는 사람들에게 충격적인 사진을 보여준 뒤, 자신을 '나'라고 표현했을 때와 삼인칭으로 표현했을 때의 뇌파를 측정했다. 그 결과 자신을 일인칭으로 말했을 때보다 삼인칭으로 불렀을 때 정서와 관련된 뇌의 활동이 크게 줄어든 것을 발견했다. 즉, "나는 충격받았다"라고 말했을 때보다 "○○이는 충격받았다"라고 말했을 때 좀 더 이성적이고 객관적인 사고가 가능했다는 것이다. 반대로 일인칭의 주어를 사용하면 몰입도가 높아지며 더욱 감정적인 기분이 된다고 한다.

스스로 이름을 부르다니, 말 그대로 낯간지럽다. 하지만 필요에 따라 활용하면 나를 다루는 똑똑한 방법이 된다. 나 역시 한 번 자신에게 혹독해지기 시작하면 브레이크가 없다. 실은 그렇지 않은데도 나를 비난한다. 이럴 때 상황을 객관화하고 건강한 사고로 전환하는 방법이 자신을 타자화하는 것이다. 어려운 상황일수록 감정적으로 되기 쉬우니 그럴 때 간단히 자신의 이름을 불러보면 이성적으로 상황을 바라볼 수 있다.

"나는 최선을 다하고 있어."

"(        )는 최선을 다하고 있어."


"나는 꾸준히 성장해 왔고 앞으로 더 많이 성장할 거야."

"(        )는 꾸준히 성장해 왔고 앞으로 더 많이 성장할 거야."


## 2. 스스로를 안아줄 것


　체력적, 정신적으로 무리를 하고 나면 잠이 오지 않을 때가 많다. 온종일 각성 상태였던 몸이 이완되지 않은 상태에서, 내일에 대한 걱정이나 불안감 등으로 점점 더 정신이 깨어나는 것이다. 이때 긴장을 풀어주고 마음을 안정시켜주는 데에 효과적인 방법이 있다. 바로 나를 안아주는 것이다. 양팔을 교차해 나비 모양처럼 포옹한다고 해서 '나비 포옹'이라 부른다. 나비 포옹은 외상 후 스트레스 장애PTSD 치료사였던 루시나 아티가스가 만든 것이다. 1998년, 멕시코 아카폴로 지역에서 허리케인이 발생해 큰 피해를 당한 일이 있었다. 생존자 대부분은 PTSD 증상을 겪었다. 그들을 돕는 데 효과적인 방법이 바로 나비 포옹이었다. 그 뒤에도 나비 포옹은 외상 후 스트레스 장애를 치료하는 것뿐만 아니라, 일상에서 불안한 감정을 완화하는 데에도 도움이 된다고 알려졌다. 나를 안아주고 천천히 심호흡을 하면 한결 기분이 나아지는 것을 느낄 수 있다.

숨 가쁘게 한 주를 마무리하고 나 자신을 토닥이다 보면 묘한 기분이 든다. 거기에 스스로 내 이름을 부르며 혼잣말까지 하면 어색한 웃음이 난다. 그런데 이상하다. 어색하고 오그라드는 행동이지만 마음이 편안해진다. 좀 느끼하면 어떤가. **마음이 건조해질 때는 스스로 관대해지는 기름기가 필요하다. 그러니 나에게 오그라릴 용기를 내보자.**

**희렌최널 유튜브**
자존감 높이고 싶다면 당장 바꿔야 할 말투 3가지

**나 자신이 비호감인 순간 다시 나를 사랑하는 법**

---

· 일부러 나에게 낯간지러운 칭찬을 해주자.

· 칭찬을 할 때는 나를 일인칭으로 지칭하기보다 삼인칭으로 말하며 타자화할 때 더 효과적이다(예: 나는 성실해. → ○○이는 성실해).

· 앞으로도 잘할 수 있다고 격려하는 말을 스스로 건넨다.

· 조용히 혼자 있는 시간을 확보하며 마음을 다스린다.

· 불안함이 짙어질수록 천천히 심호흡한다.

· 팔을 교차해 내가 나를 안아주는 행동을 해본다.


마음의 여유가 없고 자존감이 떨어지면 나 자신을 비호감으로 여기게 될 확률이 높다. 이럴 때일수록 스스로를 채찍질하는 것은 도움이 되지 않는다. 나를 위한 응원을 건네며 불안함을 가라앉혀보자.

★ ★ ★

# 예민함은
# 호감의 도구다

평소 신경 쓰이는 것들이 많은 편이다. 의도적으로 차단하지 않으면 신경 쓰이는 사람, 신경 쓰이는 문제, 신경 쓰이는 상황에 나도 모르게 몰입하고 있다. 그런 나를 보고 예민하다고 자주 지적하는 사람이 있었다. 어떤 말을 해도 예민한 사람으로 몰아갔고, 그 때문에 일이 생기면 모두 내 탓인 것 같아 끝없는 자기 검열의 늪에서 허우적댔다. 그때, 서점에서 우연히 집어 든 책의 문구가 나를 깨웠다.

'민감함은 신이 주신 최고의 감각이다.'

민감성 연구의 권위자이자 덴마크의 심리학자 일자 샌드Ilse Sand가 쓴 《센서티브》라는 책이었다. 그는 사회에서 예민하다고 여기는 **민감함은 고쳐야 할 문제가 아닌 재능의 영역**이라고 말했다. 민감한 사람은 둔감한 사람보다 많이 느끼고 상상하고, 창조할 수 있으며 민감함을 재능으로 발휘한다면 더욱 성장할 수 있다는 것이다. 예민함이 장점이 될 수 있다는 사실도 그때 처음 알았지만, 스트레스받는 정도가 심하거나 싫은 것들이 많은 만큼 행복한 순간에도 누구보다 더 큰 행복감을 느낄 수 있다는 이야기가 놀라웠다. 어릴 때부터 잘 웃고 감정 표현에 거리낌이 없던 내 모습이 이 문장으로 설명되었다.

그렇다면 민감함도 얼마든지 호감으로 발전시킬 수 있지 않을까? 나는 내 민감한 성격을 재능과 매력으로 승화해 보기로 했다. 신경 쓰이는 것이 많은 기질을 받아들이면서, 싫은 것보다 좋은 것을 더 많이 발견하리라 마음먹었다.

먼저 업무에 적용했다. 인간관계에서 신경 쓰이는 이들이나 불쾌한 언사를 접했을 때 원인과 개선점을 찾으려고 했다. 나와 부딪치는 사람들의 특성을 찾아보고 심리학적으로는 이를 무엇이라 정의하는지 알아보았다. 그리고 내가 깨달은 것들을 모아 영상으로 만들어 비슷한 문제로 고민하는 사람들을 위한 대처법을 소개했다. 콘텐츠들이 쌓이며 조회수와 구독자의 반응도 뒤따라왔다. 일자 샌드가 말한 것처럼 민감함을 재능처럼 활용하니 성과를 얻을 수 있었다.

힘든 일을 속으로만 삭이지 않게 되면서 내 인생도 밝은 쪽으로 나아가고 있다. 지금보다 발전하기 위해 배움과 성장이라는 변화를 택하는 것이 습관화되었다. 이제 인간관계에서 힘든 사람들을 만날 때면 이런 생각마저 든다. '나에게 영감을 주는 고마운 분들이구나.' 덕분에 사람에 대해 고민하고, 고찰하고, 성장하며 콘텐츠까지 만들 수 있게 하는 뮤즈로 여기게 된다.

또, 일상에서도 예민함을 매력으로 발전시키려고 했다. 내가 신경 쓰이는 행동을 타인에게 하지 않는 것 자체가 배려로 발휘될 수 있기 때문이다. '아는 만큼 보인다'라는 말처럼, '느끼는 만큼 배려한다'가 되는 것이다. **섬세한 배려를 다른 말로 하면 '다정함'이 된다. 그래서 다정한 사**

**람 중 민감한 성격을 가진 사람들이 많다.** 싫은 것을 느낀 만큼 타인에게는 행하지 않으려는 태도, 말 한마디를 따스하게 하는 능력은 세심함에서 비롯되니까. 누군가의 말에 상처받아 본 사람은 안다. 타인이 자신의 말에 똑같이 상처받을 수 있다는 것을. 그래서 괜찮은지, 시간이 필요한지, 도움이 필요한지 물을 수 있고 상대가 배려받고 있다고 느낄 다정한 말들을 할 수 있다. 일할 때도 마찬가지다. 주말에 오는 연락이 싫은 상사는 부득이하게 주말 연락을 해야 하는 경우 후배에게 배려를 담은 말을 건넬 수 있다.

물론 예민함이 잘못 발휘되는 경우도 있다. '프로 불편러'라는 말이 생길 정도로 지나친 트집을 잡거나 생떼를 쓰며 눈살을 찌푸리게 하는 이들이 그렇다. 타인의 입장을 생각하지 않고 자신만 생각하는 사람, 자기 생각을 객관화하지 못하고 습관적으로 오해하는 사람으로 인해 민감함은 재능이 아니라 문제시되곤 했다. 이들은 자기중심적으로 삶을 살아갈 뿐, 다른 사람들을 이해하는 능력은 지니지 못했다. 예민할 수는 있어도 섬세하진 않다. 상황을 섬세한 관점에서 바라볼 힘, 문제적 발언을 하기 전 자신을 돌아볼 섬세함 말이다.


'저 사람은 말을 되게 생각하면서 하네.'


언젠가 이런 댓글이 달린 적이 있다. 뾰족한 말투였지만 나는 그 댓글이 반가웠다. 타인에게 나도 모르게 상처를 주지 않기 위해 고심하며 단어를 고르고, 말 속에 온기를 담고자 하는 노력이 닿은 것으로 느껴졌기 때문이다.

말을 잘하는 사람은 문장을 수려하고 빠르게 구사하기보다 적절한 표현을 올바른 타이밍에 전하는 사람이라고 생각한다. 예민하기 때문에 섬세하게 언어를 다루고, 상처를 많이 받은 덕분에 상처받은 사람의 마음에 공감할 수 있기 때문이다. 최소한 의도치 않게 누군가를 상처 주거나 공격하는 말은 덜 할 수 있다. 예민한 나 자신이 때때로 피곤하지만 누군가에겐 섬세한 태도로 다가갈 수 있어서 한편으론 다행이다.


피로가 극에 달할 때 나는 마음을 다스리는 방법으로 종종 반신욕을 한다. 진정 효과가 있는 라벤더를 입욕제로 넣는데 라벤더가 신경증에 효능이 있어 예민한 사람들에게 효과적이라는 것을 알고 난 뒤로 더욱 애용한다. 그런데 사실 라벤더도 예민한 구석을 지녔다. 습도에 민감하고 통풍을 잘해야 하기 때문이다. 물을 간헐적으로 줘도 살아남는 선인장이나 온도나 습도에 민감하지 않은 식물들에 비하면 키우기 쉽지 않은 허브다. 그렇게 자란 라벤더는 자신만큼 예민한 사람들에게 도움을 주며 호감도가 높은 허브로 거듭났다. 민감한 성향이 고민이라면 라벤더를 떠올려보자. 민감하지만 무사히 꽃을 피우고 그 향기로 사람들을 보듬어주는 라벤더처럼 나도 충분히 매력적일 수 있다고.

**희렌최널 유튜브**
예민한 당신도 몰랐던 특별한 능력들

★ ★ ★

# 깨는 사람의
# 매력

재미없음도 매력이 되는 시대다. 재미없고 평범하거나 지루한 콘텐츠에 뭔가 확실한 특징이 느껴질 때 사람들은 '꿀노잼'이라고 한다. 재미없음(노잼)이 콘셉트인 영상이 몇백만 뷰를 기록하는가 하면, 평범한 타인의 일상을 보여주는 브이로그가 열렬히 환영받는다. 유튜브가 급부상하기 시작했을 때, 전 세계에서 다양한 개성을 지닌 사람들이 쏟아내는 콘텐츠와 댓글 반응을 보며 나도 모르게 이런 말이 튀어나왔다.

"이게 된다고? 아니, 이렇게 많이 본다고?"

기존 방송과 콘텐츠의 공식을 깨는 영상들은 신선함을 넘어서 충격적이었다. 일하면서 생긴 '콘텐츠는 재밌어야 한다'라는 강박이 조금씩 깨졌다. 재미없다는 뜻의 '노잼'에 긍정적인 어감의 '꿀'을 조합하니 재미없는데 또 재미있는 이미지가 생긴 것이다. 어떻게 드러내느냐에 따라 노잼은 숨겨야 할 단점이 아닌, 드러내도 괜찮은 호감의 요소가 되었다.

시대에 따라 재조명되고 다시 만들어지는 단어들이 있다. 사람들의 의식과 문화가 변화했기 때문이다. '독기'라는 단어 역시 그렇다. '독기 있다'라는 말이 자기 계발이나 동기부여와 시너지를 내며 하나의 미덕으로 재조명되고 있다. 열정과 패기가 넘치는 모습을 보고 튄다, 나댄다며 폄하하기도 하지만 한 쪽에서는 독기가 충전된다, 멋지다는 반응을 보인다. '열심히' 말고 '잘'하라고 말하는 이들도 있지만 열심히 노력하는 모습 자체를 응원하는 이들도 많다. 그러니 어떤 세상과 가깝게 있는지도 중요하다. 내가 속한 곳에 따라 환영받기도 하고 홀대받기도 하기 때문이다.

만약 오랫동안 스스로 충분한 사람이 아니라는 느낌을 받아왔다면, 기존의 환경을 바꿔보는 것도 도움이 된다. 내가 속한 세상의 틀이나 사용하고 있는 툴Tool이 나와 맞지 않을 수 있기 때문이다. 나는 일찍이 PD라는 틀에 나를 가두어 발전 가능성을 차단했다. 20대 초반 영화 연출로 시작해 음향, 라디오 방송 등 10년 넘게 카메라와 마이크 뒤에서 일했으니 그게 당연했다. 콘텐츠를 기획하고 만드는 게 내 일이지, 사람들 앞에 나서는 등의 일은 나의 일이 아니라고 생각했다. 어쩌다 다른 기회가 생겨도 내 것이 아니라고 여겼다.

내가 세워둔 한계는 밥값을 하다 보니 깨지게 되었다. 갑작스럽게 연출자 이상의 역할을 맡으면서부터였다. 뉴미디어가 급부상하며 TV, 신문 등 기존 미디어들의 광고 단가가 떨어지고 있었는데 가장 먼저 큰 타격을 입은 건 내가 속한 라디오였다. 제작비를 줄이기 위해 대본을 직접 쓰고 진행도 하는 1인 크리에이터처럼 라디오를 만들라는 임무가 떨어졌다. 몇 인분의 일을 혼자 했기 때문에 몇 년간 주말 없이 일했다. 몸은 힘들었지만 덕분에 스스로 한계를 짓고 단정했던 가능성의 문이 열렸다. 점점 말하는 일이 재미있고 잘 맞다는 생각이 들어서 PD를 넘어 진행자 일에도 욕심을 내게 되었다.

환경이라는 틀 외에도 내가 쓰던 '툴'을 바꿀 수 있었던 건 커리어에 생겼던 두 번째 위기 덕분이었다. 2년 넘게 맡은 프로그램이 갑자기 폐지된 적이 있었다. PD의 숙명 중 하나는 내가 만들고 애정을 쏟은 자식 같은 프로그램이 어느 날 남의 자식이 되거나 갑자기 사라질 수 있다는 것이다. 회사에선 제작비를 투자하고, PD는 이를 통해 콘텐츠를 만들기 때문에 변화는 불가피하다. 회사 안에 있으니 다른 프로그램을 맡으며 안정적으로 밥벌이를 할 수는 있지만, 앞으로도 진심을 다해 만든 콘텐츠를 타의에 의해 언제든 넘겨줄지도 모른다고 생각하니 직업적인 한계가 느껴졌다. 나는 내 자식을 끝까지 지키고 싶었다. 큰 방송사나 기업의 마크를 부착한 콘텐츠를 만드는 사람이 아니라 아무도 모르는 제작사여도 내가 낳은 자식은 내가 책임지는 사람이 되고 싶다는 것을 깨달았다. 이런 생각은 기존의 방송사나 큰 회사가 아닌 뉴미디어라는 새로운 툴로 옮기는 신호탄이 되었다.

그렇게 유튜브라는 1인 미디어로 툴을 바꾸고, 뒤에서 제작만 했던 나의 틀을 깼다. 직접 출연하고 글을 쓰고 편집하며 영상을 만드니 여러 기회가 열렸다. 콘텐츠 속 메시지에 공감하고 주목하는 사람들이 많아졌고 나는 새로운 툴로 생각과 지식을 전하는 사람이 되었다. 동경해 왔던 공중파 3사의 라디오 PD는 아니지만, 라디오의 온기와 지혜를 새로운 미디어에서 다른 방법으로 전하는 데 만족한다.

"이런 영상을 이렇게 많이 보는군요."

언젠가 나를 유튜버라고 소개하고 채널명을 말했을 때 이런 말을 들은 적이 있다. 당시엔 조금 당황스러웠지만 돌이켜보니 칭찬 같았다. 과거의 내가 낯선 콘텐츠들을 보며 떠올린 생각을 그도 한 것이고, 그날의 대화로 어쩌면 고정관념이 깨졌을지도 모른다. 물론 누군가는 뉴미디어보다 기존의 미디어에 높은 가치를 두며, 나의 현재보다 과거가 낫다고 말할 수 있다. 중요한 점은 누가 뭐라고 해도 헷갈리지 않을 선택의 이유와 삶의 가치를 정리해 두는 것이다.

**나에게 맞는 선택을 하기까지의 고민과 근거를 새겨두면 삶의 중심을 잡을 수 있다.** 누군가가 노잼 인생이라고 하더라도 나만은 꿀노잼 인생이라 부를 수 있는 고유한 매력 말이다.

## 센스 노트   나의 한계를 넘어서기 위한 다섯 가지 질문

---

Q. 내가 느끼는 나의 한계는 무엇인가?


Q. 내가 어떤 틀에 갇혀 있는 것은 아닌가?


Q. 나는 어떤 툴을 즐겨 사용하고 있는가?


Q. 지금의 한계를 깰 수 있는 툴은 어떤 것이 있을까?


Q. 이를 다루기 위해 내가 지금 할 수 있는 일에는 무엇이 있을까?

★ ★ ★

# 애매한 재능이
# 잔인하게 느껴질 때

오랫동안 음악을 짝사랑해 왔다. 무슨 사춘기 소녀 같은 말
인가 싶지만, 10대부터 시작된 애정이 20년은 훌쩍 넘었
으니 짝사랑만큼 적합한 단어가 없는 듯하다. 학창 시절에
라디오에 빠져 옛날 노래부터 시작해 여러 장르의 음악을
가리지 않고 들었다. 관심이 생기는 악기가 있다면 연습하
고 새로 배우기도 했다. 예술을 사랑하는 최고의 방법은 그
것을 만드는 일이라 했던가. 나중에는 노래를 직접 만들기
에 이르렀고 대학교 2학년 때는 동기들이 만든 영화에 내
가 만든 사운드트랙을 넣기도 했다. 그런데 음악 공부를 이

어갈 수 없는 집안 사정이 생겼다. 좋아하는 일을 할 수 없다니 일생일대의 기로에 선 기분이었다. 무리해서라도 공부를 이어갈 정도로 나에게 재능이 있는지 고민되었다. 동기들의 단편 영상에 입힌 음악이 괜찮은 평을 받았지만, 모험할 정도의 재능인지에 대한 확신이 서지 않았다. 이 정도 하는 사람은 많지 않을까? 결국 나는 현실적인 이유로 음악 공부를 멈췄다.

그래서 라디오 PD가 되었다. 음악의 길을 포기했지만 짝사랑은 멈출 수 없었고, 음악과 가깝고 전공을 살릴 수 있는 일이 그땐 라디오 PD였다. 내가 좋아하는 1980~90년대 음악을 청취자에게 소개하고 반응을 살피는 일은 말 그대로 '덕업일치'였다. 하지만 그 행복도 오래가지 못했다. 라디오 프로그램의 예산이 부족해졌기 때문이다. 결국 또 돈이었다. 연출과 진행, 작가라는 1인 3역을 하게 되면서 또다시 고민에 빠졌다. 위기를 느끼지 않고 PD를 평생 직업으로 삼기 위해서는 협회에서 대상을 받을 정도로 뛰어난 기획을 하거나, 성우처럼 목소리가 두드러지는 재능이 필요하다는 생각이 들었다. 당시 나를 판단했을 때 역시 그 정도는 아니었다.

호감의 시작

내 주변엔 늘 두드러지는 재능을 보여주는 천재, 모차르트가 있었다. 그 옆에서 애매한 재능을 지닌 나는 평생 모차르트를 질투하며 자신의 부족함을 한탄했던 살리에리 같았다. 어디선가 본 '애매한 재능은 잔인하다'라는 문장처럼, 차라리 못하면 일찌감치 포기했을 텐데 조금만 더 노력하면 잘할 것 같은 느낌 때문에 희망 고문처럼 느껴졌다. 그렇게 지속 가능한 꿈을 고민하다가 문득 이런 생각이 들었다. 살리에리에게도 모차르트에겐 없는 재능이 있지 않을까? 그러다 떠올랐다. 이것만큼은 모차르트도 살리에리를 이기지 못할 법한 재능, 바로 답답해하는 재능이었다. 나는 살리에리가 자신의 애매한 능력을 답답해하고, 잘하고 싶은 갈망이 크기 때문에 늘 고민이 많았을 거라고 추측했다. **고민을 자주 하다 보면 자신에게 필요한 것을 더 빠르게 감지한다. 그래서 살리에리 같은 사람은 천재들을 발견하고 감탄할 줄 아는 능력이 있다.**

이것도 능력이라면 능력 아닌가. 모차르트처럼 최고라고 칭송받는 아티스트가 되진 못하더라도 재능이 있는 사람을 발견해서 더 잘할 수 있도록 키워줄 수 있다. 나는 이것을 내 무기로 삼기로 했다. 나와 비슷하게 애매한 재능으로 힘들어하는 사람들에게 공감하고 해결 방안을 나누는 건 자신 있었다. 누구보다 부족함을 크게 느꼈고 잘하고 싶은 만큼 자주 골몰한 문제이기 때문이다. 생각해 보니 사실 이미 하고 있던 연출자의 역할과 연결되는 능력이었다. 스타 PD로 여기저기 스카우트되거나 독보적인 진행자가 되기엔 부족해도 일을 그만둘 정도로 아예 재능이 없는 것은 아니었다. 매력적인 사람을 발굴하고 매력적으로 조명해 주는 것이 방송의 역할 아닌가. 그래서 그냥 계속했다. 라디오를 만들고 방송국을 떠나 개인 미디어로 옮겨서도 콘텐츠를 계속 만들고 있다. 갖지 못한 것에 한탄하기보다 가진 힘에 주목해 보니 내가 잘하는 일이 따로 있다는 것을 알게되었다. 비록 하고 싶었던 1순위 일이 아닐지라도, 애매한 재능으로 시작된 확실한 재능 말이다.

대부분의 사람은 애매한 재능을 지닌 상태로 살고 있다. 학창 시절을 지나 20대가 되고, 사회인이 되면서 어디선가 접한 정보와 기초 교육에서 배운 것들로 조금씩 능력치가 쌓인다. 여기서 더 성장하기 위해서는 직접적인 노력이 투입되어야 한다. 한 분야에 두각을 나타내는 전문가가 되려면 1만 시간이 필요하다는 말이 있을 정도로, 나에게 투자하면 성장하고 그렇지 않으면 계속 애매한 상태일 것이다. 물론 1만 시간을 들였는데도 최고가 되지 못할 수 있다. 그래도 괜찮다. 1만 시간 동안 쌓인 경험치는 무엇과도 바꿀 수 없을 테니까. 실패해 봤다면 적어도 시행착오를 줄일 수 있는 노하우를 갖고 있을 것이다. 게다가 애매한 재능으로 인해 몸소 겪고 느낀 깨달음은 더 많은 사람의 공감을 얻을 수 있다. 그래서 애매함은 화려하게 빛나진 못해도 널리 비출 수 있는 재능이다.

"혹시 열심히 말하고 있는데, 상대가 따분한 표정을 짓나요?"

"많은 사람 앞에 서면 머리가 하얘지는 경험을 하신 적이 있나요?"

내 영상은 누구나 했을 법한 고민거리를 던지며 시작한다. 영상의 인트로를 이렇게 바꾸고 나서 1000명이 되지 않았던 구독자가 한 달 만에 10만 명을 넘었다. 이는 마케팅 카피라이팅에서 자주 쓰이는 기법이기도 하다. 사람들은 자신의 고민을 해결해 주거나, 이익을 제시하는 이야기에 마음이 열린다. 그 두 가지를 제시하기 위해선 사람들이 고민하는 부분에 대해 깊이 공감하고 생각해야 한다. 운 좋게도 나 같은 살리에리도 할 수 있는 일이다. 당신이 살리에리라면 관점을 바꿔 드넓은 세상을 보면 좋겠다. **내가 매력이 없다고 생각하거나, 재능이 애매하다고 느껴지거나, 뒷받침할 환경이 없다면 또 다른 능력으로 발전시키는 것은 어떨까?** 인생의 길은 언제나 열려 있다.

호감의 시작

# 질투심을
# 매력으로 다스리기

나는 자주 불안해하고 드물게 질투한다. 실은 그렇다고 믿어왔다. 일하면서 나보다 어린데 재능에 인성까지 갖춘 사람들을 숱하게 만났다. 학교 다닐 때도 날고기는 사람들을 많이 봤고 그때마다 질투 대신 그들을 응원했다. 부러운 점은 오히려 배워서 내 스타일로 흡수하려고 했다. '질투심을 다루는 똑똑한 방법'이라는 콘텐츠를 만들어서 올릴 정도로 질투심을 다스리는 데에는 자신이 있었다. 그런데 어느 날, 난데없이 찾아온 낯선 감정 때문에 당혹감에 휩싸였다. 바로 첫 책을 출간한 시점이었다.

'왜 저렇게 잘된 거지?' 비슷한 분야에서 내 책보다 더 많은 독자에게 사랑받는 책을 보면 배가 아팠다. 저자가 나와 비슷한 연령대이거나, 환경이 비슷할수록 더욱 강한 질투를 느꼈다. 물론 나의 첫 책도 꾸준히 사랑받았다. 하지만 나는 자꾸 속상했고 그들과 나를 비교했다. 부정할 수 없는 질투심이었다. 그리고 불안이라는 감정이 따라왔다. 내가 과연 잘하고 있는 것인가? 남들에겐 이렇게 하시면 된다고 솔루션을 주면서 정작 그 말을 하는 내가 이렇게 불안해하고 질투하고 있다니. 그런 콘텐츠를 계속 만들어도 되는가 싶었다.

강하게 찾아온 낯선 감정에 처음엔 회피를 택했다. 질투심이 생길 법한 환경을 원천 차단했다. 한동안 서점에 가지 않았고 내 책의 순위를 확인하거나 베스트셀러 목록을 확인하는 것을 멈췄다. 각종 매체에 노출되는 책, 잘 나가는 저자들의 인터뷰나 뉴스를 보지 않으려 애썼다. 효과는 즉각 나타났다. 눈에서 멀어지니 마음에서도 멀어지는 듯했다. 다만 문제는 애써 회피해도 내가 제작하는 콘텐츠 특성상 책에 대한 생각을 아예 하지 않을 수는 없다는 것이었다. 방구석에 밀어놓고 정리하기를 미루는 짐처럼 마음 한 구석이 무거웠다.

　긴 괴로움 끝에 회피하던 감정을 직시할 수밖에 없었다. 나는 왜 이런 부정적인 감정을 느끼는 것인가. 나의 욕망과 질투하는 마음을 솔직하게 헤집어 보았다. 그리고 스스로에게 질문했다. '다른 때는 그렇지 않았는데 왜 이렇게 질투가 심해졌지?' 천천히 들여다보니 내 진심이 보였다.

　'잘하고 싶었고 생각보다 글쓰기에 진심이었구나.' 질투심을 넘어 불안하기까지 한 마음의 근원은 바로 열정이었다. 그만큼 욕심이 났던 것이다. 가장 오랫동안 경력을 쌓은 PD 시절에는 타인의 콘텐츠에 질투심을 크게 느끼지 않았다. 평상시 다른 사람의 외모, 재력, 학벌을 봐도 마찬가지였다. 문득 이런 생각이 들었다. 그들을 응원할 수 있었던 건 어쩌면 그보다 다른 분야에 더 진심이었기 때문은 아닐까? 내가 가장 하고 싶은 건 메시지를 책으로 전하는 일이 아닐까?

　불안과 질투를 마주하면 본심이 보인다. 그건 잘될 수 있는 길, 혹은 진정한 행복을 찾을 수 있다는 뜻이기도 하다. 진심이니까 길을 찾을 것이고 수단과 방법을 가리지 않고 열정을 불태울 것이니 더 잘될 수 있다. 그래서 나는 질투심을 성장의 발판으로 삼고자 한다. 타인을 미워하려는 힘을 나에게 쏟으며 노력하는 것이다.

질투가 심해 열등감이 가득한 사람은 멋지지 않다. 하지만 **질투심을 활용해 성장한 사람은 멋지다. 자기 욕망을 피하지 않고 부정적인 마음을 긍정적으로 발전시키는 사람 같아서 솔직한 매력이 느껴진다.** 그래서 나는 우리가 스스로에게 집중하며 목표를 위해 달리는 매력적인 성장 캐릭터가 되었으면 한다.

박연준 시인은 톱클래스에 연재한 글에서 불안을 씨앗이라고 표현했다. 달라지고 싶다는 열망을 담은 씨앗이며 불안의 씨앗이 싹트면 공부의 필요성을 느낀다는 것이다. 비로소 내가 자주 불안해하는 이유를 알게 되었다. 배우고 싶은 것이 많고 성장 욕구가 강했기 때문이었다. 그러니 누군가의 성취가 부러웠고, 나도 성취하려면 성장하고 변화해야 한다는 것을 알기에 조급하고 불안했다.

**질투나 불안이 엄습할 땐 자책 대신 기뻐하자. 내가 진정으로 원하는 것을 찾았노라고.** 부정적인 불호의 감정이지만 내 꿈을 가리키는 표지판같은 '호'의 감정으로 이용할 수 있다. 이제 우리에게 남은 일은 질투가 질투로 끝나지 않게 하는 것이다. 내 마음이 가리키는 방향에 따라 한 걸음 더 나아가보자.

**희렌최널 유튜브**
열등감 느낄 때 질투심을 똑똑하게 다루는 3가지 요령

# 서두르지 않는
# 삶의 미학

미라클 모닝, 갓생 살기 열풍은 멋지다. 그리고 부럽다. 나는 그렇게 살지 못하는 사람이기 때문이다. 어릴 때부터 이른 아침에 눈 뜨는 것이 힘들었다. 정확히 말하면 아침에 일어나 개운하다는 느낌을 받은 적이 드물었고 항상 몸이 무거워져서 기분이 가라앉았다. PD 시절 아침 9시 방송을 위해 새벽 5시에 일어나 60km를 달려 회사에 도착하는 삶을 1년 넘게 유지했는데도, 프로그램 개편으로 시간대를 옮기자마자 언제 그랬냐는 듯 생체 리듬이 바로 원래대로 돌아왔다.

갓생 살기는 또 어떤가. 일이 많아 1분, 1초 단위로 세세하게 계획하며 살던 때가 있었다. 하지만 주말까지 빈틈없이 채워 놓은 탓에 번아웃이 찾아왔다. 두 달 넘게 이어진 강의와 영상 제작으로 방전이 된 것이다. 인생에도 로그아웃 버튼이 있다면 누르고 싶다는 생각이 지배하던 하루하루, 우울증인가 싶은 생각이 들었을 때 어머니가 휴가를 제안하셨다. 억지로 시간을 내어 어머니와 1박 2일 여행을 다녀온 다음, 다시 기력을 찾아갔다. 그때 알게 되었다. 나는 애당초 배터리 용량이 크지 않은 사람이구나. 아무리 운동을 해서 체력을 길러도 타고난 사람을 따라가진 못했다. 태생이 체력과 위장도 약한 데다 얼마 전에는 심장 판막마저 약해져 평소 힘을 많이 쓰지 말고 말을 많이 하지 말라는 이야기까지 들었다.

나는 60km/h의 속도로 달려야 하는 도로다. 최대 속도 60으로 달려야 무탈한데 인생을 고속도로로 착각하고 120km/h로 달리고 있으니 사고가 난 것이다. 에너지 효율이 낮은 인간이 사는 법은 따로 있었다. 번아웃이 와도 해야 하는 일이 산더미처럼 쌓인 상황에서 어떻게든 내 속도를 찾았다. 빠르지는 않아도 천천히 오래 가자고, 꾸준히 가

는 것이 중요하다고 말이다. 평균 속도가 60인 사람은 120
으로 달리는 사람만큼 단기간에 성과를 내지 못한다. 하지
만 달리다 보면 결국 목표로 삼은 도착지에 도달한다. **빠르
고 멀리 가는 것보다 중요한 것은 정확히 가는 것, 제대
로 가는 것이다.** 이를 위해 나는 지치지 않을 수 있는 여
러 가지 방법을 만들었다.

## 1. 미라클 모닝 대신 미라클 애프터눈

새벽에 잘 일어나지 못하는 대신 깨어 있는 시간 중 효
율을 가장 높일 수 있는 때를 확보해 보자. 나는 미라클 모
닝이 어렵기 때문에 내가 가장 활동적일 수 있는 2~6시를
미라클 애프터눈으로 정했다. 미라클 모닝의 핵심인 추가
시간 확보는 어렵지만 최적의 시간 확보는 가능하다. 이 황
금 시간대에 그날의 가장 중요한 업무를 했다. 글을 쓰거나,
콘텐츠 아이템을 고민하는 것처럼 창의적이고 몰입이 필
요한 일을 했다. 메일이나 메시지 알림은 가급적 너무 신경
쓰지 않으려고 했다. 그렇게 일하니 효율이 높아지고 하루
를 더 알차게 보낼 수 있게 되었다. 이렇게 **나의 미라클 타**

임을 찾으면 내게 적합한 루틴을 만들 수 있다.

화가 피카소는 오전 11시에 일어나 하루를 시작했다고 한다. 커피를 마시고 점심을 먹은 뒤 오후 2시부터 본격적인 작업을 시작했으며, 새벽 2시까지 12시간 넘게 작업에 몰두했다고 한다. 소설가 무라카미 하루키가 새벽 4시에 일어나 하루를 시작한 것과는 대조적이다. 하지만 두 사람 모두 각자의 자리에서 업적을 세웠다. 이들은 모두 예술가이니 시간에 제약이 있는 보통의 직장인은 마음대로 계획하기 어렵다고 반문할 수 있다. 다만 여기서 말하고 싶은 것은 하루의 에너지엔 한계가 있으니, 가장 효율이 좋은 시간대를 스스로 인지하고 활용해 보자는 것이다. 최고의 효율을 내는 시간에 중요한 업무를 먼저 하는 것처럼 계획이 가능한 시간만이라도 최적의 시간을 확보하는 것이 중요하다. 아무리 멋진 옷이라도 나에게 맞는 사이즈가 없다면 입을 수 없듯이 나에게 맞는 루틴이나 방법을 찾아보자.

## 2. 타이트함보다 지속 가능한 계획

일론 머스크는 5분 단위로 시간을 계획한다고 한다. 나 역시 성공한 사람들의 멋져 보이는 방법들을 따라 해봤지만 금세 지쳤다. 세부적으로 하루를 관리하는 대신, 큼직하게 하루 계획을 짜고, 우선순위를 정한 다음에 차례대로 실천했다. 그리고 목표로 삼은 일을 해냈을 때 나에게 보상을 했다. 이를테면 오후 6시까지 집중해서 그날 할 일을 끝냈다면, 저녁엔 좋아하는 사람들과 맛있는 식사를 하면서 푹 쉰다. 만나고 싶은 이들을 만나고, 읽고 싶은 책을 읽고, 저장해둔 콘텐츠를 보는 보상 시간을 가진다. 하지만 휴식 역시 '해야만 하는 일'로써 나를 옥죄이지 않게 한다. 좋은 일이더라도 의무감이 생기는 순간 강박이 생기고 진정한 휴식이 되지 않기 때문이다.

나는 틀이 정해지고 그 안에 나를 끼워 맞추는 것을 갑갑해하는 성격이다. 끊임없이 자기 계발을 하는 사람들을 멋지다고 생각하지만 애석하게도 그동안 따라가기에 급급하기만 했다. 그렇다고 나를 아예 놓아버릴 수는 없어서 이것만은 해보자는 원칙을 하나 세웠다. 한번 시작한 일은 포기하지 않고 꾸준히 하는 것이다. 직장생활을 할 때도 그랬고, 현재 콘텐츠 제작도 이런 마음으로 임하고 있다. 구독자

호감의 시작

가 극적으로 늘어나지 않아도, 반응이 없어도 내가 목표로 삼은 것은 지키려고 했다. 한 주에 영상을 2~3개씩 만들지는 못하지만 최소 1개는 멈추지 않고 제작했다. 이 방식대로 5년 넘게 걸어와서 지금은 어느새 영상이 300여 개가 넘었고 구독자도 몇십만 명이 생겼다. 단기간에 이룬 일은 아니지만 어느새 자신 있게 말할 수 있는 성과가 되었다.

시간에 쫓기거나 타의에 의해 휘둘리며 사는 사람과, 주도적으로 일상을 꾸려나가는 사람 중 누구의 마음이 건강하냐고 묻는다면 당연히 후자를 꼽을 것이다. 건강한 마음에서 비롯된 자신의 색깔은 그 사람을 더 매력적으로 만들어준다. 그러므로 **우리는 자기 삶의 속도를 깨달아야 한다. 체하지 않고 살아갈 수 있는 비결이자 자기만의 빛을 간직하는 사람이 되는 길이다.**

# 호감 가는
# 사람을
# 관찰한다

우리가 누군가에게
호감을 느끼는 순간은 언제일까?
또, 매력적인 사람은 어떻게 행동할까?

지피지기면 백전백승이라는 말처럼
호감도와 매력의 가치를 알고
스스로 의미 있게 활용한다면
막연했던 호감형 인간에
한 걸음 더 다가설 수 있다.

# 외모가
# 호감에 차지하는 비중

예전에 연출한 프로그램 중에 출연자 맞춤형 콘텐츠가 있었다. 매주 새로운 출연진이 주인공이 되고 그때마다 이들의 매력을 극대화할 기획을 해서 세부 구성을 잡는 포맷이었다. 가령 2인조 가수 다비치가 나온다면 사이가 좋은 그들의 궁합을 보거나, 다비치 안경 담당자를 섭외해 같은 이름으로 유명한 두 그룹 간의 회포를 풀어보는 식이었다. 맞춤형 콘텐츠라서 출연자들의 특기, 취미 등을 낱낱이 알아야 했기 때문에 사전 인터뷰가 필수적이었다. 가급적 방송 전에 출연자를 만나 그들의 이야기를 듣고 고민하며, 아직 알려지지 않은 이야기 중에 사람들이 특히 매력적으로 느낄 만한 요소를 끄집어내고 조명하고자 했다.

인터뷰하던 중에 내게 '매력'이라는 단어를 새롭게 써준 어느 출연자가 있었다. 다소 거친 이미지를 지닌 힙합 가수였다. 간단한 취향을 파악하고자 평소 즐겨 듣는 음악에 대해 질문했고 돌아온 그의 대답에 미소가 나왔다. 트렌디한 힙합이나 팝을 주로 들을 것 같았던 그에게서 수줍은 미소와 함께 전설의 싱어송라이터 유재하에 이어, 발랄하고 아기자기한 음악을 만드는 밴드 제이 래빗의 이름이 나왔다. 차가운 얼음이나 금속을 떠올리게 했던 이미지와 반대로 벽난로처럼 따뜻하고 말랑한 감성이 숨어 있었다니. 이후 그에 대한 궁금증이 늘어났고, 그가 하는 행동과 말이 다르게 느껴지기 시작했다. 외모와 반전되는 취향에서도 호감이 커진다는 것을 체감한 순간이었다.

우리 주변에 **유독 사람이 끊이지 않는 이들이 있다. 그들의 공통점은 외모보단 대화할수록 궁금해지거나 빠지게 되는 내면의 기운이 매력적이라는 것이다.** 화려한 연예인들과 매주 일했지만 그가 특히 기억에 남는 이유도 그랬다. 반대로 아무리 외모가 멋져도 내면의 매력이 없

호감의 시작

다면 평소보다 빛을 발하지 못하는 경우도 봤다. 내가 일한 라디오는 매체 특성상 시각적 요소가 배제되고 거의 음성만 송출되기 때문에, 출연자의 말에 집중하게 돼서 개성이 더 뚜렷하게 구분됐다. 그래서 외모가 다가 아님을 깨달을 수밖에 없었다. 그럼 외모보다 매력에 큰 비중을 차지하는 내면의 요소엔 어떤 것이 있을까?

## 1. 근사한 취향

취향은 자기만의 매력을 돋보이게 한다. 나는 클래식과 트렌드를 모두 섭렵해 자기 스타일로 수용할 줄 아는 사람, 다양한 지식을 해박하게 쌓고 적재적소에 꺼내 놓을 줄 아는 사람들에게 매력을 느낀다. 높은 확률로 자신을 잘 알고 있으며, 자신이 좋아하는 분야에 시간을 투자하고 깊이 파는 열정과 끈기를 지녔기 때문이다. 취향에 설득력이 있다면 호감은 배가 된다. 자아도취나 소비하는 것에 그치는 것이 아니라, 취향을 소화하는 것을 넘어 자신의 시선으로 새롭게 해석하는 센스를 지닌 이를 만나면 관심이 없던 분야여도 왠지 가슴이 뛴다. 그렇게 **무언가를 깊이 애정하고**

**꾸준히 키워낼 줄 아는 사람의 에너지는 자석처럼 타인을 끌어당긴다.**

타인을 끌어당기는 이들의 비결은 심리학에서도 밝혀졌다. 활짝 웃는 긍정적인 얼굴을 보면 나도 모르게 따라 웃는 '거울 뉴런'이 우리에게 있기 때문이다. 열정이나 애정 같은 마음엔 전염성이 있다. 덩달아 자극을 받다 보면, 상대에게 긍정적인 감정과 함께 호기심이 생긴다. 그 사람이 자신의 취향 라이브러리를 만들어 놓기까지 어떤 삶을 살아왔는지 궁금해지는 것이다.

일하며 만난 어느 가수는 출중한 외모가 내면의 매력을 가린다는 생각마저 들었던 사람이다. 직접 만나 보니 퍼포머의 모습뿐 아니라 뮤지션으로 잠재력이 가득했다. 1970~80년대 록 음악부터 잘 알려지지 않은 오래된 명곡들을 잘 알았고 음악을 소비하는 것을 넘어, 제작자의 관점에서 곡을 분석해 들으며 수집하고 있었다. 무엇보다 자신의 취향이나 지식을 과시하지 않았다. 자신이 좋아하는 것들을 반짝이며 드러내는 순간, 내가 가졌던 대중으로서의 선입견이 사라졌다. 그날 이후 나는 그의 미래를 기대하고 응원하는 팬이 되었다.

## 2. 꺾이지 않는 마음

나는 수많은 밈meme 중에서 '중요한 것은 꺾이지 않는 마음'이라는 문장이 좋다. 유행어는 그 시대를 살아가는 사람들의 무의식을 지배하기 때문에 긍정적인 밈이 많이 퍼졌으면 한다. '중꺾마'가 유행한 이후 패배주의에 젖어 있는 대신 자기 신념을 꺾지 않고 살아가려는 사람들의 목소리가 높아진 것처럼 말이다.

일하면서 '중꺾마' 정신으로 살아가는 지혜로운 사람들을 많이 만난다. 그들의 이야기를 들으면 잊고 있던 내 안의 무언가가 꿈틀대는 것을 느낀다. 눈앞의 일을 해결하기에 급급해 한동안 잊고 지낸 삶의 진정한 목표, 인생의 신념들은 무엇인지 다시 생각하는 것이다. 나를 돌아보고 에너지를 얻고 나면, **꺾이지 않는 내면의 힘이야말로 그 사람만의 가장 강력한 매력**이라고 느끼게 된다.

철학자 소크라테스는 '중꺾마'가 강력한 매력이 될 수 있다는 것을 삶으로 증명한 인물이다. 당시 기록에 의하면 소크라테스는 누구보다 외적인 매력이 떨어지는 사람이었다. 그러나 그의 말과 행동은 비범했다. 외모 지상주의가 심했던 아테네에서 환영받지 못한 얼굴이었지만, 자신만의 확고한 이념으로 가르침을 전하는 그의 내면의 아름다움에 빠진 청년들은 그를 열렬히 따랐다. 책을 쓴 적이 없음에도 그의 가르침이 현대까지 전해지게 된 이유가 그의 제자인 플라톤 덕분이기도 했으니까 말이다. 최후의 순간까지 자신의 신념을 꺾기보다 죽음을 택하며 독배를 마시던 그의 일생은 다양한 예술 작품에 영감을 줄 만큼 지대한 영향을 끼쳤다.

"잘생긴 애들은 심심해."

어느 날 지인이 이런 이야기를 했다. 그게 무슨 소리냐고 반문하게 되지만 찬찬히 들어보면 아주 틀린 말은 아니다. 잘생긴 사람들은 이미 외적인 매력이 강하므로 말주변이나 센스, 유머 능력을 크게 키우지 않아도 사람들이 따를 확률이 높다. 반면 그렇지 못한 사람들은 사람의 마음을 얻기 위해 다방면으로 자신을 계발하고 부단히 노력할 확률이 높다. 잘생긴 사람이 모두 심심한 것은 아니지만, 자신의 콤플렉스를 극복하고 다른 장점을 키웠던 사람들이 확실히

호감의 시작

기억에 남는 것을 보면 어느 정도 맞는 말 같다.

물론 외모가 매력에 미치는 영향이 크다는 것은 부정할 수 없다. 그럼에도 외모와 상관없이 인기를 끄는 사람들이 많은 것도 사실이다. 그러니 바꾸기 어려운 외모에 집중하기보단 고유한 매력을 키워보자. 연예인이 아닌 이상 다수에게 인기를 얻을 필요도 없지 않은가. 내 진가를 알아볼 주변의 소중한 사람들을 찾을 수 있다면 그걸로 됐다.

# 착하면
# 호구라고?

언제부턴가 착하다는 말의 의미가 희석되고 있다. 사전적 의미처럼 '사람의 마음과 언행이 곱고 어질다'라고 받아들이기보다 다른 의미를 먼저 떠올리게 된다. 누군가에게 착하다는 칭찬을 들었다면 내가 만만해 보이는 것인지 고민하는 것처럼 말이다. 특히 성격 측면에서 '착함'은 무매력을 무마하기 위한 말처럼 여겨지기도 한다. "내가 왜 좋아?"라는 질문에, "착해서"라는 대답을 들었다면 그 말을 온전히 받아들일 수 있을까?

착하다는 말을 곧이곧대로 받아들이기 힘든 데에는 어

수록하거나 만만하다는 뜻으로 쓰는 이들의 책임도 있다. '너는 착하니까'라고 말하면서 자신의 의도대로만 해주길 바라는 사람을 겪고 나면 착하다는 말에 알레르기가 생기는 것처럼, 착한 면모가 살아가는 데 아주 유리한 건 아니라는 경험이 쌓이면 자연스레 착한 모습을 감추거나 센 척으로 바꾸게 된다.

그래서 착한 사람은 매력적이기 어렵다고 생각했다. 그런데 커리어를 쌓고 다양한 분야의 사람들을 많이 만나며 생각이 조금씩 바뀌었다. 아무런 조건 없이 나를 도와주는 사람들, 나에게 좋은 일이 생기면 진심으로 함께 기뻐해 주는 사람들을 만나면서부터다. 타인에게 조건 없는 선의를 베풀고 그 자체로 행복을 느끼며 자기 일까지 잘 해내는 사람들이 많았다. 그들 주변에는 또 다른 선한 사람들이 모여 있었다. 서로 도울 줄 알고, 진심으로 대할 줄 아는 사람들에게 감동하다 보니 자연스레 착함도 호감을 줄 수 있다고 느꼈다. 나 역시 그런 사람이 되고 싶어지게 만드는 힘이 있었다.

'선함'은 한눈에 상대를 매료시키거나 장악하는 매력과

2장. 호감 가는 사람을 관찰한다

는 달리 시간이 걸린다. 하지만 한 번 빠져들고 나면 무엇보다 귀하다. 인생에서 선을 추구하는 일은 무엇보다 많은 에너지가 드는 일이다. 지름길이 있는데 더 나은 선택을 하기 위해 선한 길을 택하려면 자신뿐만 아니라 세상과 싸워야 할 때도 있기 때문이다. 살아갈수록 **'최후의 승자는 착한 사람'**이라는 말에 공감한다. **변함없이 꿋꿋하게 자신의 신념을 지키는 것이야말로 강인한 정신력에서 오는 것일 테니까.**

그런 선한 사람에게는 구체성과 실행력도 있다. 가슴에 품은 착한 신념을 자신의 성격으로 발휘해 구체화하고 자신에게도, 타인에게도 친절하다. 그리고 선한 마음을 가지고 있는 것에 그치지 않고 행동으로도 옮긴다. 나는 그런 사람들에겐 공통적으로 '일관된 다정함'이란 특징이 있다고 생각한다.

선한 사람들은 타인의 말에 귀 기울이고 정성을 들여 반응하며, 상대를 위하는 태도에서 다정함이 묻어 나온다. 나도 그 마음에 보답하려다 보면 다정함이 얼마나 어려운 것인지 체감하게 된다. 다정함을 가로막는 핑곗거리가 가득하기 때문이다. 일관된 다정함일수록 더 그렇다. 내 기분이 좋고, 상황이 좋을 땐 타인에게 친절하고 다정하게 대할 여유가 많다. 반면 인생에 먹구름이 드리우는 시기에도 다정함을 유지하기란 여간 어려운 일이 아니다.

체력이 떨어졌을 때 평소 해왔던 일도 귀찮아지거나 불쑥 짜증이 엄습해 올 때가 많지 않은가. 기분에 휘둘려 별일 아닌 일에도 감정이 과잉될 때면 평정심을 유지하는 데 많은 힘이 든다. 호흡을 고르고, 멈춰서 생각해 보고, 정성을 들이는 일은 시간과 체력, 그리고 감정이 소모되는 일이 아닐 수 없다.

선한 다정함에는 주변뿐만 아니라 세상도 포함된다. 내가 아는 사람, 친한 사람이 아닌 전혀 모르는 낯선 이에게도 상냥할 수 있는 마음이다. 일면식도 없는 이들에게 선의를 베풀고 자신을 희생하기까지 하는 사람들을 보면 막연한 위로를 받는다. 그 온기가 내게도 옮겨오면서 아직 세상은 살 만하다고 생각하게 된다.

어떻게 항상 다정할 수 있을까? 내 주변의 **선한 이들은 마음 관리를 잘한다는 공통점이 있었다.** 체력의 한계가

2장. 호감 가는 사람을 관찰한다

**마음의 한계로 이어지지 않게 몸을 돌보고 마음을 돌볼 줄 알았다.** 처음부터 그런 것은 아니지만 시행착오를 통해 자신의 한계를 알고 관리하는 방법을 깨달은 것이다. 일상이 바빠도 시간을 쪼개어 자신에게 적절한 보상을 주며 마음을 지치지 않게 하는 노하우를 갖고 있었다.

쉬지 않고 일하다가 번아웃이 온 시기가 떠올랐다. 몸과 마음이 지쳐 주변 사람들에게 날이 서있고, 내가 왜 사는지 삶의 이유까지 스스로 되묻는 상태에 이르자 저절로 제동을 걸 필요를 느꼈다. 무리해서라도 시간을 내어 하루를 푹 쉬었다. 그 결과는 놀라웠다. 고작 24시간 동안 일에서 멀어져 쉬었을 뿐인데, 다시 일을 하고 사람들을 만나고 싶은 생각이 들었다. 나는 젊으니까 쉬기보다 일해야겠다는 생각을 버린 건 그때부터다. 러닝을 좋아하는 사람이어도 쉬지 않고 달리기만 한다면 탈진하게 되는 것처럼 내 마음에도 휴식 시간을 줘야 나도 주변 사람에게도 따뜻한 마음을 유지할 수 있다는 걸 깨달았다.

결국 이런 결론에 다다랐다. **선함은 나 자신에게 다정할 줄 아는 사람에게서 나오는 능력이 아닐까.** 타인을 살피는 만큼 내 상태가 괜찮은지 스스로 확인하고 이해하려는 노력이 선함의 지구력을 만드는 것이다. 나를 진정으로 사랑할 줄 아는 사람이 타인을 사랑할 줄 알 듯, 내가 바로 서 있어야 타인에게도 제대로 된 에너지를 전할 수 있는 것이다. 그래서 일관되게 다정한 사람들을 보면 나도 모르게 마음이 기운다. 타인과 나, 모두를 보듬고 다정하게 키우는 일은 두 배의 노력이 필요하니까.

**희렌채널 유튜브**
오래 봐도 매력 있는 사람 특징 3가지

2장. 호감 가는 사람을 관찰한다

# 기 센 사람의 매력

센 캐릭터가 주목받는 시대다. 불과 몇 년 전까지만 해도 기가 세다는 표현은 부정적인 뉘앙스가 강했다. 표현이 내포하는 기본적인 의미는 비슷하지만, 이제 기가 세다는 말은 긍정적으로도 쓰인다.

자신의 목소리를 내는 것보다 함께 성장하는 것이 중요했던 1970~80년대의 우리 사회는 상명하복이 당연했다. 조직의 발전을 위해 개인의 희생과 인내가 미덕이었던 시절이라 자신의 주장과 개성이 강한 인재의 선호도가 떨어졌고, 그들은 일상에서도 튀는 존재였다.

호감의 시작

하지만 지금은 다르다. 일과 삶의 균형을 중요시하는 워라밸Work life balance이 이미 패러다임으로 자리 잡았고, 개인의 삶과 행복에 대한 관심이 높아졌다. 나 자신을 중시하는 문화가 보편적으로 퍼지면서 어떤 상황에도 나의 행복과 삶을 지켜내려는 센 캐릭터가 주목받기 시작했다.

미디어를 보면 더 뚜렷한 변화가 감지된다. 예전에는 의상이나 메이크업 등 외모를 강하게 스타일링하거나 스스럼없이 말하는 사람들을 주로 세다고 했다면, 최근에는 내면의 모습을 두고도 세다고 한다. 할 말을 해야 할 때 당황하거나 기죽지 않고 웃으며 차분히 말하고, 나서야 하는 타이밍에 나설 줄 알고 필요할 때 굽힐 줄 아는 모습. 기존의 부정적인 이미지가 아닌, 심지가 굳은 이들을 일컫는 단어로 의미가 변화했다. 그렇다면 이렇게 긍정적인 의미로 기가 센 매력을 지닌 사람에겐 어떤 특징이 있을까?

## 1. 자기중심이 있다

댄스 서바이벌 〈스트릿 우먼 파이터〉는 센 사람들의 매력을 제대로 조명했던 프로그램이다. 춤 대결에서 좋은 결과를 내지 못한 팀원의 기를 살려주기 위해 "그래도 우리가 제일 멋졌어. 잘했다"라는 응원을 망설이지 않는 리더부터, 쟁쟁한 경력자들 앞에서 자신의 안무를 채택해달라고 한 번 더 어필해 보는 막내 댄서까지. 경연 프로그램이기 때문에 경쟁해야 하는 상황에서도 선을 넘지 않고 침착하게 자신의 매력을 어필하고, 또 팀워크를 빛내는 댄서들의 모습은 당시 큰 화제였다.

무엇보다 그들의 매력은 적절한 타이밍에 할 말을 시원하게 할 줄 아는 데 있었다. 꼭 해야 하는 말이 있다면 나이, 사회적 지위, 실력 차이에 상관하지 않고 당당하게 말했다. 그렇게 해도 결과가 바뀌지 않은 적도 있었다. 하지만 유의미한 것은 어렵다는 것을 알면서도 기회 앞에 최선을 다하는 용기였다. 그 용기를 내기까지 실력을 갈고닦으며 쌓은 자기 확신이 있었기에 가능했던 일일 것이다.

뿌리가 강하고 굵을수록 바람에 흔들리지 않는 것처럼, **자신에 대한 믿음과 신념이 확고하면 어느 순간에서도 흔들리지 않는 기세를 가질 수 있다.** 영화 〈미나리〉로 아카데미 여우조연상을 수상한 배우 윤여정은 소감 인터뷰를 할 때마다 화제를 모았다. 눈치를 보지 않고 할리우드 중심

호감의 시작

의 사고를 깬 돌직구를 던진 것이다. 자신은 할리우드를 동경하지 않으며, 할리우드 영화에 출연한 이유는 미국에서 일하면 미국에 사는 아들을 한 번이라도 더 볼 수 있기 때문이라고 했다.

**"난 최고란 말이 싫다. 최고 말고 최중. 다 같이 잘 살면 안 되나."**

지금이 최고의 순간이라고 생각되는지에 대한 질문에 이런 답변을 했던 윤여정은 치열한 경쟁을 하며 사는 현대인들에게 유쾌한 위로가 되었다. 그리고 최근 인터뷰에선 자신의 솔직함에 대해 이런 생각을 밝혔다.

"그동안 난 많이 솔직했다. 그런데 생각해 보니 솔직함은 무례할 수 있더라. 경계를 잘 타야 하는데 품위 있게 늙으려다 보니 솔직함이 자랑은 아닌 것 같다. 인생은 복잡하다. 그래서 앞으로는 정직하려 한다."

나는 여기서 또 다른 힌트를 얻었다. 어떤 상황에서도

자신의 할 말을 다 하며, 이런 말들이 유쾌하게 느껴질 수 있던 카리스마의 비결 말이다. 과신하지 않으며 자신을 늘 돌아보는 행동이 내면을 센 캐릭터로 만들게 하는 방법이 아닐까 싶다.

## 2. 감정의 임계점이 높다

물이 끓는 지점을 일컫는 임계점은 감정에도 있다. 기센 매력이 느껴지는 사람들은 감정의 임계점이 높다. 감정 동요가 적은 사람은 감정 변화가 심한 사람에 비해 포커페이스를 유지할 수 있으므로 쉽지 않은 인상을 준다. 특히 부정적인 감정일수록 그렇다. 흔들림 없이 자기 생각을 굽히지 않으면서도 크게 화를 내지 않는 초연한 모습에서 여유가 느껴진다.

감정의 임계점이 높은 사람은 낮은 사람에 비해 프로답게 보인다는 장점이 있기도 하다. 스포츠 선수가 대표적이다. 경력이 오래되고 실력 있는 선수일수록 쉽게 일희일비하지 않는 경우가 많은 반면 아마추어일수록 점수에 따라 감정이 쉽게 흔들리는 것을 볼 수 있다. 사회생활에서도 기

**분이 태도가 되지 않게 감정을 조절하는 능력은 프로의 기본 자질이기도 하다.**

그렇다면 반대로 일희일비하는 사람은 어떻게 하면 감정 임계점을 높일 수 있을까? 나는 그 방법이 경험과 여유에 있다고 생각한다.

### ① 축적된 경험

비가 내린 후 땅이 더욱 굳어지듯, 인생에서 겪는 사건들은 감정의 임계점을 높인다. 나의 경우 30대 후반이 20대 때보다 감정의 임계점이 훨씬 높다는 것을 느낀다. 크게 쓰러지고 크게 웃은 경험들, 여러 인간 군상을 겪으면서 예전과 다르게 외부의 영향을 받는 일이 줄어들었다. 마찬가지로 기가 센 사람들을 보면 산전수전을 겪으며 성장했거나 다양한 삶의 경험을 겪은 경우가 많다.

### ② 정서적 여유

정서적으로 여유가 있는 상황에는 쉽게 동요하지 않는다. 예를 들어 누군가 발을 밟고 사과하지 않은 채 빠르게 가버리는 상황을 겪었을 때, 정서적 여유가 없는 상황에서는 바로 화가 나거나 따지고 싶어진다. 하지만 여유가 있는 상황이라면 불쾌한 감정은 잠시 스치고 지나간다. 기분은 잠시 나빠져도 부정적인 상황을 쉽게 넘길 수 있는 포용력이 생기게 된다.

정서적인 여유가 중요하다는 것을 알고 나서 나는 하루의 시작에 꼭 여유로움을 넣는다. 아무리 바빠도 일찍 일어나 커피 한 잔 마실 여유를 만들고 일과를 점검하는 것이다. 시간에 쫓겨 마음이 조급한 상태로 하루를 시작하지 않으려고 한다. 오늘도 주체적으로 보낼 수 있다는 자신감이 그날의 일에도 여유를 발휘할 수 있는 근거가 된다.

## 3. 기준이 있다

일, 관계, 삶에 확고한 기준을 만들어두면 외부의 상황에 쉽게 동요하지 않는 나의 중심이 잡힌다. 기준이 생기기 전에는 내게 벌어지는 모든 상황에 기민하게 반응하게 되어 감정 기복도 심했다. 하지만 기준이 생기고 나서는 기준의 범위 안에 일어나는 상황에 집중할 수 있게 되어 감정의 동요가 줄어들었다.

윤여정 씨처럼 어떤 상황에도 당당하고 유머러스하게 말하는 어른들을 보면 가슴이 뛴다. 상상해 왔던 멋진 어른이 실제로 존재하고 나도 그렇게 될 수도 있을 거라는 희망이 생긴다. **자기 성찰을 통해 마음의 중심과 철학을 하나씩 세워보자. 언제 내릴지 모르는 소나기마저 지반을 단단하게 하는 기 센 도구로 활용될 것이 확실하다.**

**희렌최널 유튜브**
착한데 기 센 사람 특징

내면을 단단하게 만드는
독기 충전 문장들

---

· 기회는 쉽게 오지 않는다. 어렵다는 것을 알아도 한 번 기회가 생기면 최선을 다한다.

· 할 말이 있다면 상대의 나이나 사회적 지위, 실력 차이에 상관하지 않고 꼭 짚고 넘어간다.

· 스스로에게 정직할 것. 자만하거나 과신하지 않는다.

· 경험을 쌓는다. 경험할수록 일희일비하지 않는 초연함이 생긴다.

· 하루에 10분이라도 여유 시간을 만든다. 마음의 조급함을 없애고 포용력을 높이기 위함이다.

· 일, 관계, 인생에 있어 이것만은 지키자는 나만의 기준 한 가지쯤은 꼭 세운다.

살면서 경험하는 일들이 외부의 상황에도 동요하지 않는 나만의 중심이 되어줄 것이다. 내 철학이 세워진다면 어떤 상황에서도 당당할 수 있다.

★ ★ ★

# 귀티 나는
# 이미지의 이면

얼마 전, 패션계에서는 '올드 머니Old Money'가 트렌드였다. 그 단어를 보고 모처럼 갸우뚱해졌다. 올드 머니 스타일을 위해서는 명품을 입어도 브랜드 로고가 명확히 드러나면 안 되고 스타일도 화려하면 안 된다. 마치 오래전부터 부자였던 명문가의 사람처럼, 단정하면서 고급스러운 소재의 옷을 입어야 한다. 미디어에서는 올드 머니 스타일로 입은 유명인들을 향해 '귀티 난다'라는 찬사를 보내며 유행에 힘을 실었다.

올드 머니로 일컬어지는 금수저들의 스타일링에 공통

점이 있을 수는 있다. 하지만 나는 이런 스타일이 규격화되고 유행처럼 번지는 것에 의문이 들었다. 소비를 조장하는 새로운 유행을 계속해서 만드는 게 패션 시장의 섭리라고 하더라도, 최소한의 멋을 잊은 네이밍이라는 생각이 들었다. '멋'이 중요한 시장에서 꼽은 기준이 '돈'이라는 사실은 다소 노골적이었으니 말이다.

단어는 힘이 세다. 하나의 프레임을 만들고 그 프레임이 퍼지는 순간 우리는 자신도 모르는 사이에 자기 검열을 하게 된다. 어떤 패션에 '올드 머니 스타일'이라는 정의가 붙어 유행하면 다른 스타일은 유행에 뒤처지거나 반하는 스타일이 되기 쉽다. 누군가 입은 옷을 보고 '올드 머니'를 추구할 수도 있고, 혹은 생각보다 소재가 고급스럽지 않으니 '뉴 머니'라거나, '노 머니'라고 칭할 수 있는 기준이 생기는 것이다.

진짜 돈과 가짜 돈, 오래된 돈과 최신의 돈을 나누는 것이 그런 의미에서 씁쓸했다. 경기 침체로 금수저를 선망하게 된 시대상을 반영한 트렌드가 아닐까. 타고난 부가 부러울 수 있지만 그것이 목표가 되고 아이콘이 되는 사회는 건강하지 않다. 타고난 것을 선망하기보다 바꿀 수 있는 것에 집중하며 개인의 노력이나 성장을 응원하는 세상이 되어야 하지 않을까 싶다.

올드 머니 유행엔 반감이 들었지만 이를 수식하는 단어 중 한 가지는 호감에 있어 중요한 요소다. 바로 '귀티'다. 귀한 사람에게 나는 태를 귀티라고 하지 않는가. 우리 모두 누군가의 귀한 자식이며 세상에 하나밖에 없는 귀한 존재다. 그런 나 자신을 사랑하고 아끼는 사람은 귀티가 난다. 스스로에게 당당한 사람이 나 자신을 비하하거나 초라하게 여기는 것보다 멋져 보이는 것처럼 말이다.

나는 여기에 한 가지 조건을 더 붙이고 싶다. 타인을 귀히 여기는 자세다. 자기 자신만을 사랑하며 타인을 박대하는 이들에게 우리는 귀티 난다고 말하지 않기 때문이다. 아무리 부자여도 갑질을 일삼고 직원들에게 고성을 지르는 재벌들에게선 귀티나 품위를 느낄 수 없다. 반면, 훨씬 어린 인생 후배들을 귀히 여기고 존중하는 어른들은 귀티가 난다. 일하면서 부와 명예를 쌓은 유명인을 많이 만났지만 호감이 생겼던 사람들은 이런 태도가 두드러졌다. 단순히 스쳐 지나가는 스태프일지라도 눈을 마주치고 인사하며 이름

2장. 호감 가는 사람을 관찰한다

을 불러주었다. 자신을 사랑하는 만큼 주변에 있는 사람들을 존중하는 배려가 있었다.

올드 머니가 말하는 귀티가 외적인 조건이라면, 나는 **진정한 귀티란 내면의 태도에 있다**고 말하고 싶다. 내가 만났던 귀티 나는 매력을 지닌 사람들은 부자거나 피부가 좋거나, 머릿결이 좋은 것과는 상관이 없었다. 다만 귀한 티가 나는 사람들에겐 이런 태도가 유독 돋보였다.

① 상대를 배려하면서도 나를 불필요하게 낮추지 않는 언어 습관

② 삶을 소중히 여기고 감사할 줄 아는 태도

③ 자신을 잘 알고, 성찰할 줄 아는 모습

결국 귀티의 완성은 나 자신과 타인을 모두 귀히 여기는 태도에 달렸다. 나 자신을 귀히 여기면 자신에게 떳떳하지 못한 행동은 하지 않을 수 있다. 타인을 생각한다면 그들을 존중하는 마음을 건넬 수 있고, 반대로 사람들에게서 마음을 받을 줄도 알게 된다. 스스로를 아끼는 것부터 시작해 사랑을 다시 받고 또 순환시키는 것이다.

어쩌면 내가 꼽은 귀티 나는 매력은 '올드 머니'보단 '올드 러브'에 더 가깝다는 생각이 든다. 사람을 귀하게 여기는 마음은 사랑에서 비롯되기 때문이다. **돈이 대물림되는 것처럼 사랑도 대물림된다. 사랑을 받고 자란 이들이 자신을 귀히 여기고 타인에게 사랑을 나눠주는 것처럼 말이다.**

영화 〈쇼생크 탈출〉엔 오래도록 가슴에 남는 대사가 있다. 누명을 쓰고 수감된 죄수 앤디의 말이다.

"이 안에 음악이 있어. 그래서 음악이 아름다운 거야. 아무도 빼앗을 수 없거든."

한 번 마음에 새겨진 멜로디는 모든 것을 압수당해 아무것도 소유하지 못하는 감옥에서 소유할 수 있는 유일한 즐거움이다. 우리의 마음에 남겨둔 사랑, 귀중한 가치, 정신적인 에너지가 그렇다. 누군가 억지로 뺏어갈 수 없으니 얼마나 귀한 자산인가. 그러니 올드 러브를 가꿔보자. 가진 것이 적어도 귀티 나는 귀한 사람으로 익어갈 것이다.

2장. 호감 가는 사람을 관찰한다

# 잊을 수 없는
# 사람의 특징

당신에게는 평생 잊을 수 없는 매력적인 사람이 있는가? 콘텐츠를 제작하며 만난 여러 분야의 전문가들에게 오랫동안 기억에 남는 사람에겐 어떤 특징이 있는지 물었다. 그들의 답변에서 한 가지 공통점을 발견했다. 상대가 지닌 매력도 중요하지만, **호감에 큰 영향을 미치는 요소는 따로 있었다. 상대가 나를 대하는 태도 자체였다.** 상대가 나를 어떤 눈빛으로 바라보고 어떤 말과 행동으로 나를 대하는지에 따라 느끼는 호감이 작을 수도, 클 수도 있는 것이다.

나 역시 그랬다. 방송을 하며 모니터에서 느꼈던 매력을 직접 만나서는 느끼지 못하는 경우도 있었으니 말이다. 반대로 직접 만난 뒤에 호감이 생긴 사람도 있었다. 함께 대화하는 순간 상대가 보내는 마음, 그 마음이 드러나는 눈빛 때문이었다. 실제로 만나 호감이 생긴 사람들의 태도엔 크게 두 가지 특징이 있었다. '집중도'와 '호감 표현'이었다.

우리가 모르는 사이에 우리 몸은 속마음을 투명하게 드러낸다. 눈빛, 몸의 방향, 거리 등으로 무의식중에 신호를 보내며, 상대는 이를 고스란히 느낀다. 나에게 최선을 다해 집중하는 사람이 있다면 그 시간이 좋은 기억이 되며 자연스럽게 호감이 생길 수밖에 없다.

빌 클린턴 대통령은 호감을 잘 표현하는 대표적인 인물로 꼽힌다. 시민들과 인사말을 나누는 짧은 몇 초 사이에 따뜻한 눈길을 보내고, 다음 사람에게 곧바로 악수해야 할 때도 이전 사람과 눈을 맞추며 천천히 시선을 돌렸다고 한다. 그런 클린턴의 태도에서 많은 이들이 매력을 느꼈다고 한다.

사람들에게 유독 인기가 많던 내 친구도 그랬다. 친구와 번화가에 가면 꼭 누군가가 말을 걸어왔다. 나는 신기해서

2장. 호감 가는 사람을 관찰한다

무엇 때문에 낯선 사람들을 끌어당기는지 친구를 관찰해봤다. 그리고 나에게 없는 모습을 발견했다. 친구는 길을 지나가는 사람, 옆 테이블에 앉은 사람, 주변의 사람들에게 '관심'이 있었다. 어떤 옷을 입은 누가 지나갔다거나, 누군가가 자신을 쳐다봤다거나 하는 친구의 말들은 모두 본인이 상대를 보고 관심을 두어야 알 수 있는 것이었다.

이후 행동심리 전문가를 인터뷰하며 친구의 행동이 강력한 호감의 기술이었다는 것을 알게 되었다. 상대를 지그시 쳐다보는 행동, 아이컨택이 상대로 하여금 호감을 느끼게 만든다는 것이었다. 사람들에게 관심이 많았던 친구는 본능적으로 상대를 끌어당기는 기술을 사용하고 있었다.

상대에게 특별한 시선을 보내는 것은 함께 일하는 상대에게도 통하는 매력적인 모습이다. 사회 초년생 시절 어느 PD님의 프로그램에서 인턴 생활을 한 적이 있다. PD님은 한참 어린 출연자의 긴장감을 풀어주기 위해 일부러 무릎을 구부려 앉아 시선을 맞추고 프로그램에 관해 설명했다. 눈높이를 맞추며 자신을 배려해 주는 모습에 출연자는 걱정을 내려놓았고 훈훈한 분위기가 만들어졌다.

인간은 애정과 인정을 갈구하는 존재다. 내가 사랑하는

호감의 시작

사람들, 그밖에 가까운 사람들, 또 매일 마주치는 사람들이 나를 인정하고 대우할 때 행복을 느낀다. 자존감이 높고 자립심이 강한 사람일지라도 매일 만나는 사람들에게 홀대받거나 무시당한다면 마냥 순수하게 행복할 수는 없을 것이다. 혹자는 아무도 알아주지 않더라도 스스로 행복을 찾는 사람이 되도록 노력하는 것이 건강하고 성숙한 삶이라고 한다. 그것도 맞지만 서로를 보듬고 인정해 주며 마음을 전하는 것이 밑바탕이 된다면 우리는 더 잘 살아갈 힘을 얻을 것이다.

"뭐야, PD님 목소리 너무 좋은데요?"

일하면서 수백 명이 넘는 사람들을 만났지만 아직도 기억에 남는 사람을 꼽으라면 나를 특별하게 대해줬던 이들이다. 라디오 PD와 DJ 일을 병행할 당시 퇴근하고 나서 팟캐스트도 운영하며 커리어를 쌓기 위해 노력했던 때가 있었는데, 그 시기에 내게 칭찬을 건넨 보컬 듀오는 여태 잊을 수 없는 고마운 존재다. 누구보다 목소리를 많이 듣는 가수들의 칭찬이 꿈을 놓지 말라는 응원으로 들렸고, 지금

2장. 호감 가는 사람을 관찰한다

껏 목소리를 계속 낼 원동력이 되었다.

매력적인 사람을 떠올리면 우리는 대개 개성 있는 패션이나 뛰어난 외모와 같은 시각적 이미지를 그린다. 물론 시각적 요소도 큰 영향력을 발휘하지만 **오래도록 기억되는 매력은 누군가의 인생에 잊을 수 없는 순간을 만들어주는 말과 행동을 하는 데서 온다.** 그런 매력을 가진 사람들에게는 세 가지 힘이 있다.

① 남들이 쉽게 지나치는 모습을 붙잡아 말로 표현하는 능력
② 눈앞에 있는 상대를 존중하고 몰입하는 집중력
③ 애정 어린 눈으로 상대를 바라보고 특별한 관심을 가지는 것

한 마디로 함께 있는 시간을 즐겁게 만드는 능력이다. 매력의 보상이론Reward theory of attraction에 의하면 우리는 보상을 주는 사람을 좋아하고 관계를 지속하기를 원한다고 한다. 그러니 고대 철학자 헤카토Hecato의 말 '사랑받길 원한다면 사랑하라'처럼 먼저 움직여보자. 타인에게 깊은 관

호감의 시작

심을 두고 행동할 여유가 부족한 세상인 만큼 작은 손짓도 귀하게 여겨질 수 있으니. 그만큼 함께하는 시간을 위해 노력하는 사람의 꽃은 더욱 크고 향기로울 것이다.

2장. 호감 가는 사람을 관찰한다

**센스 노트**

# 잊기 힘든 매력적인 사람이 되는 태도

· 순간만큼은 상대에게 최선을 다하고 집중할 것.

· 짧은 시간의 만남이라도 적극적으로 표현할 것.

· '당신을 알고 있다'라는 관심을 가질 것.

· 상대의 눈높이를 맞춰 대화할 것.

· 그냥 지나칠 수 있는 사소한 장점이라도 짚어줄 것.

· 무시하지 않고 존중하는 화법으로 이야기할 것.

· 나의 실수나 약점도 인정할 것.

· 상대가 싫어하는 행동을 하지 않을 것.

**희렌최널 유튜브**
절대 놓치면 안 되는 사람 특징 4가지

호감의 시작

# 상대를
# 무장해제하는 노하우

어느 순간부터 나는 TV에 나오는 인물을 쉽게 좋아하지 않게 되었다. 많은 사람이 보는 매체에 나오는 만큼 자신이 가진 최선의 모습을 내보이고 싶은 것이 사람이기 때문이다. 그 사람의 좋은 면만 보고 그 이상을 기대하고 상상하다가, 이면의 모습이 드러났을 때 실망하는 데에 드는 에너지가 아깝게 느껴진다. 정작 당사자는 원치 않았던 기대일 수도 있다. 그러니 처음부터 깊이 빠져드는 것을 경계하는 편이다.

하지만 그럼에도 다시 기대하고 싶게 만드는 사람을 발

견하면 마음의 빗장을 풀까 생각하게 된다. 그렇게 최근 기분 좋은 고민이 시작되었다. 한 연애 리얼리티 프로그램의 출연자가 데이트하던 상대 남성을 울린 것이다. 그것도 무려 두 명이나. 부정적인 상황이 아니었다. 데이트하던 중에 훈훈한 분위기 속에서 대화하다가 감정이 고조되어 눈물을 흘렸다. 그들의 감정선은 당사자가 아니므로 판단할 수 없지만, 확실한 건 상대를 감성적으로 만들고 눈물까지 흘리게 한 출연자가 사람을 무장해제하게 만드는 매력을 지녔다는 것이다. 화면 너머로 보던 사람들까지 집중하게 만들 정도로. 대체 어떻게 상대의 마음을 움직인 것일까?

눈에 띄었던 것은 출연자의 말이었다. 상대를 이해하고 긍정하는 화법을 사용하고 있었다. 이해가 안 되는 면이 있더라도 왜 그런지 알고 싶어 하는 태도, 자신과 다른 점을 먼저 긍정하려고 했다. 연애 프로그램이기 때문에 잘 보이려고 애쓰거나 가식적으로 대하는 것이 아니라 진솔함이 묻어나오는 출연자에게 나도 모르게 몰입하고 있었다.

"너는 나를 더 좋은 사람이 되고 싶게 해."

호감의 시작

**우리는 우리가 더 나은 사람이 되고 싶게 만드는 이에게 호감을 느낀다.** 많은 사랑 노래 가사와 영화 대사의 클리셰 같아서 진부하지만, 사람들에게 회자되는 이유는 이게 사실이기 때문일 것이다. 마음은 보답하려는 습성이 강하다. 상대가 나를 믿고 응원할 때 우리는 기대에 부응하고자 열심히 노력하게 되며 삶의 활력을 얻는다. 믿는 만큼 성장한다는 심리학 이론 '피그말리온 효과'에서도 알 수 있듯 사람은 자기를 보는 상대의 시선에 따라 빠르게 성장하기도 한다.

처한 상황이 힘들수록 나를 지지하고 긍정하는 상대의 매력은 더욱 크게 다가온다. 악의 없이 순수한 마음으로 대해주는 사람이 있다면 한 줄기 빛 같을 것이다. 앞서 출연자 역시 비슷한 이유가 아닐지 추측해 본다. 서로의 마음을 확인하기 어렵고 짧은 시간 안에 상대를 선택해야 한다는 압박 속에서 혼란스러움을 느낄 출연자들에게, 자신을 이해하는 사람은 꽁꽁 언 마음을 순식간에 녹이는 난로와도 같았으리라.

이런 매력은 일할 때도 긍정적으로 작용한다. 처세술의

대가로 불리는 데일 카네기$^{Dale Carnegie}$는 **사람의 마음을 얻는 방법으로 상대의 고상한 동기에 호소할 것**을 꼽았다. 서로가 어떤 사람인지 아무런 정보가 없는 상황이라면 그럴듯한 명분과 이유를 댔을 때 상대가 나를 호의적으로 생각한다는 것이다. 즉 대화하면서 상대가 나를 진실하고 믿을 수 있는 사람이라고 판단하면 대부분 호의적인 태도를 보였고 더 높은 성과를 얻을 수 있었다고 한다.

나와 내가 속한 집단에 비해 타인은 덜 도덕적이며 신뢰할 수 없다고 생각하는 '하위 인간화'로 인해 우리는 타인을 불안해한다. 하지만 먼저 손을 내밀면 생각보다 사람들은 호의적이며, 내가 예상했던 것보다 더 나은 사람이었다는 사실을 깨달을 때가 많다.

나 역시 일하면서 업계 소문이 좋지 않거나, 나와 맞지 않을 것 같아 부담스러운 상대를 만날 때면 반대의 마음으로 무장하려고 노력한다. 상대는 의외로 나와 잘 맞으며, 업계 소문은 소문일 뿐이라고. 그렇게 편견 없이 긍정적으로 대했을 때 상대 역시 나에게 호의적이었던 경험이 많다. 예전에는 피하는 데 급급하거나 방어적으로 대한 적도 있었지만, 긍정적일 때 관계의 선순환이 이뤄지는 경우가 더 많

호감의 시작

다는 것을 이제는 안다.

"PD님은 뭘 해도 잘할 거예요. 가진 게 많으니까요."

방송국을 퇴사할 때 나를 믿어주고 응원한 후배가 있다. 가장 가까이에서 일하며 어려운 점도 많았을 텐데, 후배는 항상 나를 좋게 봐주었다. 지금도 후배를 만날 때면 기분 좋은 긴장감을 느낀다. 기대에 부응하는 선배가 되고 싶어서 말 한마디, 행동 하나도 조심하게 된다. 그런 후배를 만나고 오는 날에는 기분이 좋다. 좋은 기분을 만들어주는 후배를 다시 보고 싶은 마음은 말할 것도 없다.

'자신이 대접받고 싶은 대로 남을 대접하라'라는 기독교의 황금률은 인생의 행복을 위한 진리가 아니었을까 싶다. 내가 싫은 것은 남에게 하지 않고, 내가 좋았던 것을 상대에게 했을 때 서로가 행복해지는 걸 느끼니 말이다.

**호감에는 상호성이 있어서 내가 바라는 대로 상대를 극진히 대접하면 비슷한 대우가 돌아오는 일이 많다**는 것을 살아갈수록 더욱 느끼고 있다. 만약 누군가의 마음을 열고 싶다면 먼저 내가 바라는 모습을 보여주자. 상대방

2장. 호감 가는 사람을 관찰한다

도 당신에게 마음을 돌려주기 위해 행복한 고민을 하고 있을 것이다.

# 노력형
# 호감의 길

It ain't over till it's over. 끝날 때까지 끝난 게 아니다. 레니 크라비츠의 노래 제목이자 내가 좋아하는 문장이다. 긴장을 늦추지 말고 끝날 때까지 최선을 다하라는 자극이 되기도, '시작은 미약하지만 끝은 창대하리라'와 같은 뜻으로 통용되기도 한다. 상황에 따라 해석이 달라지는 문장이지만 굴곡이 많았던 시절에 나를 지탱하게 한 곡이었다. 그래서 PD로 일할 때 고민이 많아 힘들어하는 청취자들에게 메시지를 전하고 싶어 종종 띄우곤 했다. 인생도, 일도, 관계도 끝날 때까지 끝난 것이 아니므로 너무 좌절하거나 또 지나치게 우쭐하지 않았으면 하는 마음을 담아서.

처음에는 뚜렷한 성과가 없어도 시간이 지날수록 대성하는 사람들을 만나며 최선의 힘을 더욱 체감했다. 음원 스트리밍 서비스 회사에 다닐 적에 나는 매주 많은 스타를 만났다. 이들을 가까이에서 지켜보며 끝날 때까지 끝나지 않는 것이 비단 일이나 관계에 국한된 것이 아니라는 것을 배웠다.

매력 역시 그렇다. 매력이 넘치는 사람들 사이에서도 전략을 잘 짜고, 노력하면 나만의 매력을 굳건히 할 수 있다. 연예인이라는 직업 특성상 사실 외적인 매력이 없다면 애초에 발을 들이는 것조차 쉽지 않다. 그래서 대부분의 스타는 각자 외적인 개성이 뚜렷하다. 그럼에도 대중이 더 주목하고, 시간이 지날수록 조명을 받는 인물들은 따로 있었다.

아이돌 그룹을 보면 흥미로운 현상을 관찰할 수 있다. 뛰어난 외모의 멤버가 인지도를 얻는 데 크게 기여하지만, 이후 그룹 활동에 점차 긍정적인 영향을 미치는 것은 다른 매력을 지닌 멤버인 경우가 많다. 더욱이 팬덤이 열광하는 멤버는 따로 있다. 대중의 입장이었던 나는 이 현상에 흥미를 느꼈고 매력적인 사람들 사이에서도 특히 강한 매력을

호감의 시작

갖고 있는 이들의 비결을 관찰하게 됐다.

## 1. 호감은 횟수에 비례한다

나는 프로그램을 제작할 때 출연자를 최소 세 번 만났
다. 초기 구성 단계에서 한 번, 프로그램 촬영 시 한 번, 마
지막으로 편집본을 통해서였다. 사전 인터뷰를 하거나 매
체에서 출연자를 파악하고 개성을 발견해 그와 어울리는
구성을 짠 뒤, 촬영을 하고, 최대의 재미와 매력을 끌어내기
위해 편집을 거듭하는 식이다. 그렇게 한 사람을 혹은 한
그룹을 세 번 이상 만나며 콘텐츠를 만들다 보니 이전엔 몰
랐던 출연진의 매력을 발견하는 일들이 많았다.

어느 날 자꾸 시선이 가는 멤버가 있었다. 처음에는 눈
에 잘 띄지 않았지만 그는 방송에 유독 적극적으로 참여했
고, 제작진이 원하는 포인트에서 멘트를 살렸다. 덕분에 전
체 분량 중에서 그의 지분이 가장 커지게 되었다. 그는 좋
은 타이밍에 재치 있는 모습을 보여줄 줄 알았다. 촬영부터
편집을 마치고 나니 어느새 마음속에 그가 훅 들어와 있었
다. 분명 처음부터 매력을 느낀 멤버가 아니었는데 말이다.

나는 여기서 매력 전략 하나를 알게 되었다. **관심이 없더라도 자주 나타나거나 많이 볼수록 호감이 커질 수 있다는 것이다. 심리학에서는 이를 '단순 노출 효과'라고 한다.** 우리가 누군가에게 매력과 호감을 느낄 때 '내 취향이라서' 혹은 '내 의지의 결과'라고 생각하게 된다. 그러나 이는 착각이다. 생각보다 무의식의 힘은 세다. 의식하지 못하는 사이 우리의 마음을 움직이게 만드는 심리적 요소들이 강력한 역할을 한다.

PD들은 이런 일을 종종 겪는다. 자신이 만드는 프로그램에서 활약을 하고 많은 분량을 차지하는 출연자에게 마음이 갈 때가 있다. 프로그램이 끝나면 '최애(최고로 애정하는)' 한 명쯤은 가슴에 품는다. 예능감이 뛰어나거나, 언변이 좋거나, 뛰어난 퍼포먼스를 보여주는 등 자기 장기를 적극적으로 보여주는 사람에게 끌리는 것이다.

그렇게 만든 프로그램엔 PD의 시선이 담긴다. 그리고 시청자 역시 이를 느낀다. 제작진을 넘어 대중의 마음마저 사로잡아 자신의 매력을 널리 알린 출연자는 시간이 지나며 더욱 많은 곳에 출연 요청을 받아 자신을 확실하게 알린다.

호감의 시작

매력적인 사람들이 특히 많이 모인 집단에서 자신의 몫을 챙기는 야망 있는 사람들, 욕심을 낼 줄 알고 노력하는 사람들은 처음엔 미약하더라도 점점 더 빛을 발하게 되었다. 그들을 보고 있자니 나도 덩달아 용기가 생겼다. 타고난 것이 중요하다고 하는 연예계에서도 노력으로 자기 길을 일구는 사람들이 존재했으니까.

## 2. 부족한 점이 매력이 되는 마법

잘난 사람들 사이에서 나 자신이 한없이 작고 초라하게 느껴진 적이 있는가? 그렇다면 앞으로는 '**미운 오리 효과**'를 기억해 두자. 동화 《미운 오리 새끼》의 미운 오리처럼 다른 오리들에 비해 밉고 부족해 보일지라도, 오히려 그 점을 활용하면 호감을 얻는 매력이 될 수 있다는 사실에서 착안한 용어다. 다수의 특징과 다른 나의 모습은 오히려 개성이 되어 호감을 살 수 있다. 처음엔 미워 보였지만 결국 백조가 되어 가장 빛났던 미운 오리처럼.

한 아이돌 그룹 중 팬덤에서 가장 인기가 많던 멤버는 대중인 나에겐 그다지 눈에 띄지 않았다. 장신인 멤버들 사

2장. 호감 가는 사람을 관찰한다

이에서 단신이었고 호쾌한 성격인 다른 멤버들에 비해 수줍음이 많았다. 프로그램 분량 측면에서도 크게 활약하는 편은 아니었다. 그런데 팬덤은 그런 점을 매력으로 여겼다. 다른 멤버들과 다른 면이 오히려 튀었던 것이다. 이는 '초점 효과Perceptual focus effects'로도 설명할 수 있다. 초점 효과란 선택지가 많은 상황에서 특정 정보에 과하게 집중하게 되어 교착 상태에 빠지는 것을 말한다. 비슷한 조건의 선택지가 많이 주어지면, 사람은 가장 다른 특성이 있는 대상에게 마음을 주는 것이다. 모두가 키가 크다면 작은 사람이 주목받고, 모두 염색 머리를 했다면 검은색 머리를 한 사람에게 끌리는 현상은 이를 설명한다. 시각적 요소가 중요한 일일수록 초점 효과를 전략적으로 활용한다. K-pop 매니지먼트를 할 때 새 앨범이 발매되면 주력으로 밀어주려는 멤버에게 다른 스타일링을 해서 돋보이게 하는 것도 초점 효과를 노린 사례로 볼 수 있다.

물론 매력에 있어서 '다름'이 전부는 아니다. 내가 만났던 아이돌 멤버도 나머지 멤버보다 눈에 잘 띄지 않았다는 다른 점이 있었지만, 다르다는 걸 매력으로 봐주길 마냥 기다리지 않았다. 자신에게 없는 매력을 아쉬워하고 숨기려

호감의 시작

하는 대신, 자신이 잘할 수 있는 것에 집중했다. 그리고 팬들이 열광해 주는 성격적 특성을 강화하고 꾸준히 자기 관리를 했다. 잠깐 일했던 내 눈에도 보일 만큼이었으니 애정을 갖고 항시 지켜보는 팬들에게는 진심이 더욱 크게 닿았으리라 예상된다.

살면서 우리는 비교하거나 비교당하는 순간을 마주한다. 남들은 다 잘하는 것 같은데 나만 뒤처지는 것 같아 위축된다. 하지만 나에게도 잘하는 것은 분명히 있다. **'그래도 이건 잘할 수 있지'라고 생각되는 것, 작은 특성이라도 살리려는 시도를 해보자. 그것이 나의 매력이자 무기다.** 자신의 매력을 마력으로 만들어 원하는 것을 이루는 사람들처럼, 내 무기를 가지고 나아가면 또 다른 길이 열릴 것이다.

**평범한 사람도 특별한 매력을 찾는 방법**

---

· 내가 잘하는 일을 한 가지라도 찾는다.

· 나의 단점을 굳이 숨기려고는 하지 말자.

· 다른 사람에게는 없고 나에게 있는 점이 내 매력이 될 수 있다. 그게 부족한 점일지라도.

· '그래도 이건 할 수 있다'는 것을 발견하고 살려본다.

· 욕심을 내보자. 그 모습 자체가 누군가에겐 용기를 준다.

· 처음부터 매력적인 사람보다 그렇지 않은 사람이 더 많다는 것을 알자.

· 시간이 지날수록 호감을 얻는 사람은 성격이 매력 있는 사람이다.

**희렌최널 유튜브**
은근히 신경 쓰이게 하는 법

# 나이를 스펙으로
# 만드는 어른들

나이 드는 것이 두려울 때가 있다. 젊음 자체에서 오는 매력도 있는데 젊음이 사라지면 무엇이 남을까. 나도 언젠가 세상의 트렌드에 시큰둥해지고 유행하는 것들을 늦게 알아가는 때가 올 텐데. 하지만 돌이켜보면 내가 매력을 느끼고 롤 모델이라고 꼽는 사람들은 대부분 나이가 많았다. 시간이 지나도 늘 지성미를 풍기며 깊이 있는 생각을 하는 모습에 호감을 느껴왔다. 그들을 떠올리면서 왜 세월의 흔적에 호감을 느끼는 것인지, 시대가 변해도 촌스럽지 않은 매력은 어디에서 오는 것인지 고민하게 되었다.

생각해 보면 지금 우리가 '클래식'이라고 말하는 장르가 본래는 트렌드였다. 클래식과 재즈 음악은 현대를 사는 우리에겐 고전이지만 당시 가장 핫한 장르였을 것이다. 하지만 모든 옛것을 고전이나 클래식이라고 명명하지는 않는다. 우리가 아는 클래식은 작품성이 높거나 많은 이들에게 회자된 명작이다. 아류, 습작, 알려지지 않은 누군가의 작품은 애석하게도 전해지지 않는 것이다.

**나이 드는 것이 두렵다면 우리 인생에서 스스로 명작이 되어보는 것은 어떨까.** 세월의 흔적으로 주름이 지고, 색이 바랜 느낌마저 멋있는 가죽처럼 말이다. 명작이라고 해서 꼭 유명하지 않아도 된다. 나의 바운더리 안에서 명작 같은 깊이와 감동을 지닌 사람이 된다면 스스로 충분히 만족하는 삶일 것이다. 젊음은 짧고 인생은 생각보다 길다. 그럼 어떻게 깊이 있는 삶을 살 수 있을까?

## 1. 계속 도전하고 배운다

일하면서 한 시대를 풍미했던 어른들을 만날 기회가 많았다. 멋진 분도 많았지만 안타까운 마음이 들었던 어른도

호감의 시작

있었다. 자신이 대세였던 시절에 갇혀 있는 사람들이었다. 시대가 바뀌고 세상의 관점이 변화하는데도 예전의 영광에 머물러 있었다. 그들은 대개 같은 사람만 반복해서 만나고, 자신을 인정해 주는 사람들이 있는 곳에만 갔으며, 그 시절에 대한 이야기만 나누었다. 같은 세상에 살지만, 다른 시대를 살고 있다. 자연스럽게 트렌드에 적응하지 못했고 요즘 세상과 젊은이들을 부정적으로 보고 있었다. 과거가 더 좋은 그들에게 현재가 불편하고 불만인 것은 어찌 보면 당연한 일일 것이다. 문제는 세상을 보는 관점이 부정적이기 때문에 허심탄회하게 소통하지도 못하고, 그러니 다음에도 만나고 싶다는 생각이 들지 않는다는 것이다.

반대로 여전히 현역으로 활동하며 영향력을 잃지 않는 사람들도 있다. 이들은 성공했던 과거에 머무르지 않고 계속 도전한다. **급변하는 시대를 받아들이고 끊임없이 배우는 모습이 그들을 명작으로 만든다. 시대를 타지 않는 매력이 있다면 바로 이것일 것이다.** 예를 들어, 문화 예술계에서 활동하는 이들의 행보를 보면 알 수 있다. 한참 어린 후배와 협업하고 앨범 프로듀싱을 맡긴 조용필, 70대 후반의 나이에도 여전히 액션 영화 〈매드맥스〉를 찍는 조지 밀러 감독, 60대에 뮤지컬 〈킨키 부츠〉를 작곡해 어워드에서 수상한 가수 신디 로퍼까지, 노장의 실력에 새로움이 만나 명작을 넘어 전설에 가까워지는 모습을 보면 나이 드는 일이 오히려 기대되기까지 한다.

바래가는 색을 아쉬워하고 새로 덧칠하기보단, 빛바랜 색마저 멋으로 만드는 어른이 되고 싶다. 그런 어른이 되기 위해서는 멈추지 않아야 한다는 것을 안다. 근육을 쓰지 않으면 점차 퇴보하고 힘이 빠지는 것처럼 인생도 내가 정성을 들이지 않을수록 나와 멀어진다. 우리의 삶을 평형대라고 가정한다면 균형을 잡기 위해 느려도 조금씩 걸어야 한다. 걷지 않으면 중심을 잃고 쓰러지거나 치우쳐버리게 되고 그렇게 성장을 멈추면 내가 가진 능력도 떨어지게 될 테니까.

## 2. 틀린 것을 인정할 용기가 있다

존경받는 인생 선배들은 자기중심이 있으면서도 유연하다. 특히 자신이 틀렸을 땐 빠르게 인정하고 사과하거나

호감의 시작

정정할 줄 안다. 이 모습이 인상적이었던 건 예전에 입봉 프로그램을 만들 때였다. 제작진은 갓 방송을 시작한 나를 제외하고 모두 경력이 최소 10년 이상인 베테랑 선배들이 었다. 나는 프로그램을 총괄하는 역할이었기 때문에 선배 스태프들을 리드하며 중요한 결정을 해야 했다. 패기가 넘 쳤지만 초보라서 선배들이 보기에 부족한 점이 많았을 것 이다. 그래도 서로의 영역을 존중하며 평화롭게 방송을 만 들어 갔다.

그러던 어느 날, 작가님이 상기된 얼굴로 찾아왔다. 글 을 쓰면서 의도한 바가 있었는데 내가 회의할 때 합의한 것 과는 다르게 연출을 하고 있다는 것이었다. 나는 당황했고 이야기를 제대로 풀지 못한 채 흐지부지하게 대화가 끝났 다. 그리고 며칠 뒤 작가님이 다시 나를 찾아왔다. 찬찬히 프로그램을 돌려보니 내 의도가 이해가 갔다고 했다. 아예 다른 방향이었던 게 아니라 오히려 좋았다고, 오해해서 미 안하다고 정중하게 사과를 하신 것이다. 작가님께 감사했 다. 분명 나와 일하며 흡족하지 못한 순간들이 있었을 텐데 내 입장을 이해하고 먼저 말씀을 꺼내주셔서 작가님이 더 크게 보였다. 나도 비슷한 상황이 온다면 후배에게 먼저 다가가야겠다고 다짐하게 된 순간이었다.

내가 틀릴 수 있음을 인정하고 먼저 다가가는 용기는 어른이 될수록 행하기 어렵다. 경험이 쌓이면서 틀리는 일보다 내 말이 맞는 일이 많으니 일이 아닌 영역에서도 습관이 되는 것이다. 내가 맞다고 여기며 합리화하면 생각은 점점 균형을 잃는다. 내가 보고 싶은 것만 보고, 듣고 싶은 것만 듣게 된다.

마인드가 유연한 매력적인 어른이 되기 위해서는 인정하는 마음을 지키는 것이 중요하다. 인정하는 것부터 배움의 동기가 생기고 무엇이든 지속할 힘이 되기 때문이다. **내가 부족한 사람이라는 것을 인정하면서도 스스로 비하하지는 않도록 생각의 균형을 잡는 것. 세월의 흐름이 인생의 짐이 아닌 매력이라는 스펙이 되는 방법이다.**

**시대가 변해도
촌스럽지 않은 사람들의 특징**

---

· 트렌드를 억지로 쫓아가지 않는다.

· 변화를 받아들이고 끊임없이 배우려는 태도를 갖췄다.

· 나와 생각이 다른 사람들을 부정적인 관점으로 보지 않는다.

· 벼는 익을수록 고개를 숙이는 법. 틀린 것을 인정하는 겸허함을 가졌다.

· 선한 오지랖이 있다. 도움이 필요한 사람을 적극적으로 돕는다.

· 외적인 경쟁에 상관없이 내면을 가꾼다.

· 꾸준한 성찰로 자기 자신을 잘 안다.

**희렌최널 유튜브**
나이 들수록 매력적인 사람의 공통점

# 나의
# 편을
# 만든다

사람은 사회적 존재이기 때문에
타인에게 호감을 얻고 싶고
관심을 받고 싶은 욕망이 있다.

우리 삶의 수많은 인간관계 속에서
호감과 비호감을 가르게 되는
포인트를 깨닫게 된다면
건강한 인간관계를 지속할 수 있다.

✦ ✦ ✦

# 관종과 매력의
# 상관관계

"난 관종이 아닌데…."

나는 내가 누군가의 시선을 필요로 하고 즐기는 관심 종자와 거리가 먼 줄 알았다. 라디오 PD로서 타인의 빛나는 모습을 담아냈기 때문에 나보다 타인을 조명하는 일이 당연했고, 앞에 나서는 사람은 날 때부터 따로 있다고 믿었다. 스스로 한계를 정하니 마음은 편했다. 주어진 일에 대한 고민만 하면 되고 다른 생각을 할 필요도 없었다. 하지만 시대가 변해 미디어 산업이 바뀌면서, 경쟁력을 갖추기 위해 멀티 플레이를 해야 하는 상황에 놓이자 나는 결국 울며 겨자 먹기로 사람들 앞에 나서는 진행까지 하게 됐다.

라디오라서 얼굴을 드러내지 않아 다행이긴 했지만 처음부터 벽에 부딪혔다. 편집하면서 내 목소리를 객관적으로 들으니 고역이었다. 방송을 제작하며 듣는 귀는 높아져 있는데 정작 나는 기준에 미치지 못해서 자괴감이 들었다. 생방송을 하는 날에는 버벅대거나 뻔한 멘트를 던지고 죄책감에 사로잡혔다. 한참 부족했지만 남 부끄럽지 않은 프로그램을 만들고 싶어서 피나는 연습을 시작했다. 아무도 없는 부스에 남아 몇 시간씩 원고를 읽고 또 읽었고 타 방송의 DJ도 따라 했다. 그렇게 1년이 지났다. 매일의 힘은 무서웠다. 하루도 빠짐없이 연습하고 실전에서 적용하다 보니 말하는 일이 점점 편안해졌다.

어느덧 진행 일에도 애정이 생겼고 앞에 나서는 일에도 재미가 붙으면서 생각을 고치게 됐다. 나도 관종이었구나. 진행은 맞지 않는 일이라고 생각했는데 아니었다. 특히 말의 영역은 타고나기를 잘하는 사람도 있지만, 나처럼 평범한 사람도 할 수 있는 분야라는 생각이 들었다. 단지 만족할 때까지 시간과 노력이 필요하지만, 재능만 요구하는 분

호감의 시작

야는 아니었다.

자신감이 생기며 능력을 시험해 보고 싶었다. 고정 청취자가 많은 방송국 시스템에서 벗어나도 사람들이 내 진행을 좋아해 줄까 궁금해졌다. 그래서 팟캐스트를 하게 됐다. 그때 처음 '희렌최'라는 닉네임으로 나를 알렸다. 시간이 지나며 희렌최가 전하는 메시지에 공감하는 사람들이 생겼고 나중에는 몇천 명으로 늘어나 매주 방송을 들어주었다. 그리고 이 팟캐스트 경험이 훗날 1인 미디어로 영역을 넓힐 수 있는 발판이 되었다.

이제 나는 크리에이터 혹은 인플루언서라고 불린다. 인플루언서란 말 그대로 영향력 있는 사람으로, 자신의 매체를 통해 불특정 다수에게 영향을 준다. 그렇게 커리어가 승승장구하는 것 같았지만 인간의 고뇌는 끝이 없다고 했던가. 새로운 타이틀이 생기고 나니 또 다른 고민이 생겼다. 다른 인플루언서와 나의 입지 차이였다. 관종인 줄 알았는데, 정작 관종력이 뛰어나야 하는 곳에서 나는 그렇지 못했다. 관심을 받는 만큼 몸값이 올라가는 업계라 나를 오픈하고 자주 드러내는 것이 좋지만 그런 면에서 나는 관종이 아니었다. SNS에 일상을 보여주고 소개하는 일에는 관심이 없었다. '나'라는 사람 자체에 사람들이 주목하는 게 어딘가 부담스러웠다.

그리고 깨달았다. 나는 메시지 관종이었다. 나라는 사람의 이미지에 관심을 가지는 것보다 내가 전하는 콘텐츠에 사람들이 좋아요를 누르며 공감해 주는 것에 보람을 느꼈다. 라디오를 진행했을 때도 목소리로 메시지를 전했다. 게다가 직접 쓴 원고로 생각을 전했을 때 더 행복했다. TV보다는 라디오, 사진보다는 글로 표현하는 것이 좋았다. 비디오형 관종이 아닌 오디오, 텍스트형 관종이었다.

내가 어떤 유형인지 깨닫고 나니 마음이 조금 편해졌다. 타인과 굳이 비교하지 않아도 내가 가야 할 길이 보였다. 가본 적 없는 타인의 삶을 부러워하지도 않고 당장 눈에 보이는 성과에 집착하지 않게 되니, 누군가에게 쓸데없는 질투심을 발휘하지 않아도 됐고 나대로 오래 갈 수 있는 방법을 모색하게 되었다.

나는 누구에게나 관종 DNA가 있다고 생각한다. 사람은 서로 교류하며 살아가는 사회적 존재이기에 호감을 얻고 싶고, 관심받고 싶은 마음이 있다. 나에게 어떤 관종 DNA

호감의 시작

가 있는지 방향성을 찾는다면 그동안 알지 못했던 새로운 세계가 열린다. 새로운 세계는 커리어, 인간관계, 성격 등 어디든 확장될 수 있다. 내재된 마음을 깨달았다면 바로 활용해 보자. 매일 운동하려는 목표를 세웠지만 번번이 실패했다면, SNS에 공개해 본다. 누군가가 반응하고 피드백을 주는 것만으로도 힘이 될 수 있다. 타인의 긍정적인 기대 덕분에 잘하고 싶은 마음이 생긴다. 지나치면 문제가 되지만, **관종력을 적절히 활용하면 앞으로 나아가는 원동력이 될 수 있다.**

"채널 운영하다 보면 힘들 때는 없으세요?"

나와 다른 분야에 종사하는 유명한 분에게 이런 이야기를 들은 적이 있다. 다정한 오지랖이었다. 유명세라는 양날의 검을 경험한 사람은 비슷한 고민을 한다. 이름이 알려지면 득이 되지만 독으로 돌아오는 순간도 올 수 있기 때문에 항상 조심한다. 더군다나 바르고 긍정적인 메시지를 전할수록 신경 써야 할 일들이 많으니 피곤할 수도 있을 거라는 염려와 공감이 섞인 말이었다.

힘든 순간이 있지만 오히려 좋다. 유튜브 속 '희렌최'는 내가 되고 싶은 선하고 바른 인간상이다. 이 모습을 극대화하며 호감을 얻을 수 있는 캐릭터로 만들고자 한다. 무엇보다 커뮤니케이션을 알려주는 사람으로서 나를 모르는 누군가에게도, 누가 보지 않는 순간에도 잘못된 소통을 하는 사람이 되고 싶지 않다. 그렇게 사람들의 기대에 부응해 나를 발전시키면 스스로 떳떳한 삶을 사는 데 도움이 되기 때문에 힘들어도 기쁜 것이다.

나의 관종 분야를 모른다면 나 자신에게 물어보자. **사람들에게 인정받고 싶은 분야는 무엇인가? 어떤 말을 들었을 때 가장 기분이 좋은가? 어떤 어른으로 성장하고 싶은가?** 이 질문을 떠올리다 보면 내 매력을 찾을 수 있을 것이다.

호감의 시작

# 친해지고 싶은 상대와 친해지는 법

누군가와 친하게 지내고 싶다면 상대에게 다가가야 한다. 이토록 당연한 이야기를 하는 이유는 사람들 대부분이 제대로 다가가는 방법을 모르기 때문이다. 자칫 잘못하면 친해지기는커녕 상대가 부담을 느끼고 멀어질 수도 있는 게 인간관계다. 나는 늘 이 부분이 고민이었다. 먼저 불쑥 연락하면 부담을 느끼지 않을까, 상대는 아직 준비되지 않았는데 나만 너무 친한 척을 하는 것인가 하고 말이다. 하지만 적극적으로 먼저 다가가 보고, 인연으로 이은 경험이 늘어날수록 느꼈다. 사람들은 자신에게 다가오는 이에게 생각

보다 부담을 느끼지 않는다는 것을. 다음의 다섯 가지 방법
은 내가 사람들과 인연을 이어가는 데 도움을 주었다. 일명
'5F 법칙'이다. 센스 있게 인간관계를 만들고 싶다면 꼼꼼
히 살펴보자.

## 1. Face: 첫인상을 결정하는 표정

뇌 과학자 폴 왈렌Paul Whalen의 연구에 의하면 우리 뇌
의 편도체는 0.1초도 채 되지 않는 짧은 시간 동안 상대를
평가하는 신호를 보낸다고 한다. 짧게는 0.1초, 길게는 몇
분 내로 호감도가 결정되는 것이다. 이 첫인상을 뒤집기 위
해서는 수백 배의 정보가 필요하다고 하니, 처음부터 분위
기를 긍정적으로 만드는 것이 좋다.

첫인상에 있어 중요한 것은 두 가지다. 바로 표정과 말
의 근육이다. 영상 콘텐츠를 만들며 나에게 생긴 변화 중
하나도 표정이다. 영상을 편집하다 보니 나도 모르게 짓는
부정적인 표정들을 알아차릴 수 있었고, 어색한 표정을 밝
게 바꾸기 시작했다. 그렇게 의식적으로 노력하다 보니 점
점 인상도 밝아졌고, 편집이 없는 콘텐츠를 만들거나 오프

라인 강의를 할 때도 자신감이 생겼다.

사실 이는 신입 PD 시절, 함께 일했던 진행자에게 배운 것이다. 그는 방송이 끝나면 늘 파일을 챙겨서 모니터를 했다. 그렇게 매일 모니터링을 한 지 몇 달이 지나자 그의 진행 능력이 크게 좋아진 것을 체감했다. 반면 자신이 진행한 방송분을 전혀 모니터링하지 않는 사람도 만난 적이 있다. 두 사람의 차이는 컸다. 모니터링을 하지 않은 진행자는 자신만의 장점이 있는데도 점점 청취자들의 큰 호응을 얻지 못했다. 하지만 모니터링하며 노력했던 진행자는 꽤 오랫동안 사랑받으며 방송을 진행했다.

TV에 출연하는 방송인들이 시간이 지날수록 호감 가는 외모를 갖추게 되는 것도 이와 무관하지 않다. '카메라 마사지'는 비단 시술이나 스타일링에 국한되지 않는다. 그들은 꾸준히 자신의 모습을 모니터하며 외적인 스타일과 얼굴 표정, 행동에 신경 쓴다. 사람을 만날 때 호감이 0.1초 만에 형성되기도 하는 만큼 밝은 표정을 연습하면 친해지고 싶은 상대를 만났을 때 좋은 인상으로 드러날 것이다.

## 2. Feeling: 긍정적인 말

친해지고 싶은 상대를 만났을 때, 내가 하는 말이 아첨으로 느껴지거나 진정성이 떨어질까 봐 담백해 보이려고 오히려 부정적인 뉘앙스로 말한 적이 있는가? 그렇다면 다음의 실험을 눈여겨보자. 미국 데이비드 드라크만 교수 연구진이 실시한 실험에서, 참가자들에게 세 종류의 말을 하고 어떤 말을 들었을 때 가장 반응이 좋았는지를 살폈다. 첫 번째 집단에는 긍정적인 말만, 두 번째 집단에는 부정적인 말만, 세 번째 집단에는 긍정과 부정의 말을 섞어서 했다. 그 결과, 첫 번째로 긍정적인 말만 했던 사람을 가장 좋아했다는 것을 알 수 있었다. 심지어 상대가 무언가를 얻어내기 위해 아부한다는 사실을 알더라도 호감을 느꼈다는 것이다.

나 역시 친해지고 싶은 사람을 만나면 말할 때 주의를 기울인다. 같은 말을 해도 긍정적으로 표현으로, 대화 중 부정적인 주제가 나왔더라도 끝맺음은 가급적 긍정적으로 하려 한다. 특히 인터뷰 코너를 진행하며 이를 더욱 체감한다. 긍정적인 분위기 속에서 웃으며 대화를 이어 나가면 해당 분위기가 그대로 방송에 담길 뿐만 아니라 출연자는 우리 프로그램, 혹은 나를 좋게 기억했다. 이후 개인적인 부탁을 위해 갑작스럽게 연락했을 때도 나의 우려와 달리 흔쾌히 들어주었던 것을 보며 또 느꼈다. **긍정적인 말은 호감을 얻는 고속도로이자 치트 키와도 같다.**

상대와의 관계가 초반일수록 부정적인 이야기는 최대한 미루자. 처음부터 부정적인 말을 하는 사람과 계속 만나고 싶은 사람은 잘 없으니 말이다. 부정적인 주제는 충분히 친해지고 난 다음에 해도 늦지 않다. 직접적으로 칭찬하는 것이 어색하거나 어렵다면, 긍정적인 주제로 이야기를 건네자. 맛있는 음식이나 맑은 날씨처럼 우리 주변엔 긍정할 것이 의외로 많다.

## 3. Find: 유사성 찾기

사람은 자신과 비슷한 이에게 호감을 느낀다. 가치관이나 관심사, 행동뿐 아니라 자신과 외모가 비슷한 사람에게 더욱 끌린다는 연구 결과는 이미 잘 알려져 있다. 다양한 사람이 모인 방에 들어갔을 때, 사람들은 자신과 비슷한 외

3장. 나의 편을 만든다

모의 사람과 더 가까이 앉는다는 심리학자 데이비드 마이어스의 언급도 흥미롭다. 그러니 누군가와 가까워지고 싶다면 상대와 나의 공통점을 찾아내거나 유사성을 만들기 위해 노력할 필요가 있다.

처음부터 취향이나 성격이 비슷하면 좋겠지만 그렇지 않더라도 충분히 비슷한 점을 찾을 수 있다. 그러기 위해선 관찰력을 기르는 게 중요하다. 상대를 주의 깊게 보고, 이야기를 경청하며 그가 어떤 사람인지 알아야 나와 비슷한 점을 찾아낼 수 있기 때문이다. 이는 공감과도 연결된다. 상대에게 집중하면 미세한 감정의 변화를 읽을 수 있고, 그러다 보면 공감하게 되면서 친해질 수 있다.

## 4. Fascinating: 매력적인 분위기의 힘

PD 시절부터 장소가 주는 힘을 느낄 일이 많았다. 근사한 곳에서 촬영했을 때 출연자들이 평소 컨디션보다 더 기분 좋게 최고의 아웃풋을 냈다. 영상에 멋진 그림까지 담을 수 있었던 것은 말할 것도 없었다. 그때의 경험 덕에 매력적인 장소를 지도 앱에 모으는 취미가 생겼다. 레스토랑,

카페처럼 카테고리를 정해 지역별로 근사한 장소와 맛집을 저장해두니 든든했다.

이후에도 나는 친해지고 싶은 사람이 있으면 만남에 앞서 장소의 힘을 빌린다. 저장해둔 장소 중에 상대와 어울리는 곳을 찾는다. 이는 나 자신을 위해서이기도 하다. 격식 있는 옷을 입었을 때 그 옷에 맞게 행동하고 싶어지는 것처럼 멋진 곳에 가면 그에 어울리는 근사한 말과 행동을 하고 싶어진다. 친해지고 싶은 상대 앞에서 최선의 모습을 보여주고 나면 상대와의 인연이 깊은 친분으로 이어지지 못하더라도 큰 후회나 미련이 없다.

공간을 매력적으로 연출하기 위해 내가 즐겨 사용하는 또 다른 도구는 조명과 음악이다. 사람들을 집에 초대하거나, 촬영장의 분위기를 만들어야 할 때 따뜻한 느낌의 조명과 음악을 사용하면 큰 비용을 들이지 않고도 원하는 분위기를 연출하기 쉽다.

라디오를 연출하면서 음악이 어떻게 사람의 마음을 매료하는지를 체감했고, 영상을 연출하며 조명에 따라 공간과 그 안에 머무르는 사람이 어떻게 달라지는지를 배웠다. 그러니 상대의 취향을 전혀 모르는 상태라면 조명과 음악을 따뜻하게 연출해 보자. 편안한 분위기 속에서 자신도 모르게 마음을 열게 되는 상대를 발견할 것이다.

## 5. Favor: 사소한 부탁을 해볼 것

상대 스스로 자신이 괜찮은 사람이라고 느끼게 만드는 것도 관계를 진전시키는 방법이다. 그중 하나가 부담스럽지 않은 작은 부탁이다. 작은 부탁으로 상대가 나에게 호의를 베풀 수 있게 하는 것이다. 사람은 의외로 부탁을 잘 들어주고, 자신이 호의를 베풀게 만드는 상대에게 호감을 느낀다.

초등학생 때 나에게 책을 자주 빌리던 친구가 있었다. 친구는 아침마다 함께 등교하자며 우리 집에 찾아왔고, 나를 기다리면서 관심 있는 책을 빌렸다. 책을 빌렸으니 다시 돌려주면서 친구와 얘기를 나눴고 우리는 자연스레 더 가까워졌다. 어느 순간 친구에게 책을 빌려주는 일이 즐거웠다. 책을 재미있게 읽었다는 말, 밝은 표정의 친구를 보면 나도 덩달아 기분이 좋아졌다. 어른이 된 지금까지 그 친구에 대해 좋은 기억이 남은 것을 보면 부탁의 효과는 생각보다 크다.

부탁의 효과를 알고 적극적으로 활용한 인물도 있다. 벤자민 프랭클린이다. 그는 정치적으로 적대 관계에 있던 이에게 값비싼 책을 빌려달라는 편지를 보내고, 호의적인 관계를 만드는 데 이용했다. 사소한 부탁은 인간적인 관계를 형성하는 시작이 되고, 이를 통해 서서히 호감을 쌓을 수 있게 된다.

사실 선뜻 부탁하기가 쉽지는 않다. 그럴 때 나는 두 가지 생각을 하며 용기를 내본다. 첫째, 사람들은 생각보다 부탁을 싫어하지 않는다는 것. 둘째, 부탁을 했다면 수락한 상대에게 진심으로 감사하는 마음을 갖고 보답하자는 것. 친해지고 싶은 사람일수록 연을 이어가야 하지 않겠는가. 그러니 부탁을 하고 감사하다고 인사하는 과정이 상대와 자연스럽게 친해질 기회다.

# 만만하게
# 보이지 않는 태도

나의 채널에서 조회수가 꾸준히 잘 나오는 주제 중 하나가 '만만하게 보이지 않는 말투와 행동'이다. 같은 주제로 제작한 영상들이 도합 200만 뷰가 넘는 현실이 증명하듯, 많은 사람이 고민하는 문제이기도 하다. 상대를 얕잡아보고 만만하게 취급하며 평가절하를 하는 사람들은 우리 주변에서도 쉽게 찾을 수 있다. 이들에게서 방어하려면 말과 태도라는 갑옷이 필요하다. 내가 이런 콘텐츠를 만들고 화법을 고안할 수 있었던 건 누구보다도 방어막이 필요한 사람이 나였기 때문이었다. 타인을 이해하고 배려하려는 노력이 누군가에겐 만만함으로 해석되었고, 틈을 보이면 달려드는 포식자들에게서 나를 보호할 지혜가 필요했다. 그렇게 인간관계에서 나를 지키기 위해 고민하고 적용해 본 네 가지 방법을 소개한다.

## 1. 실력을 갖춘다

밝은 인상과 성격 때문에 오히려 만만하다는 평가를 받은 경험이 많다면, 내 분야에서 실력을 갖추고 있으면 된다. 예상과 달리 내게 뛰어난 실력이 있다는 걸 상대가 알게 되면 반박하지 못하고 조용해질 수밖에 없다. 나를 180도 바꾸지 않으면서도 세상을 잘 살 수 있는 방법이다.

## 2. 제대로 되묻는다

무례한 말을 들은 상황에서 간단하지만 확실하게 대처할 방법이 있다. 그 말이 무슨 뜻인지 되묻는 것이다. 선을 넘는 질문에 내가 대답해야 할 의무를 상대에게 넘기면서 스스로 깨달을 수 있도록 짚어주는 것이다. 또 내가 불쾌함을 표시했을 때 상대가 장난이라며 농담으로 무마한다면 '그거 별로 재미없다'라는 식으로 돌려 말하는 것도 도움이 된다.

## 3. 좋은 사람의 기준을 세운다

자기반성과 자기 검열이 심하다면 이런 유형을 경계해야 한다. '내가 아직 너에게 가르쳐줄 게 많네, 네가 몰라서 그래'라며 나를 깎아내리는 경우다. 어느 순간 내가 잘못하지 않은 일까지 내 탓이 될 수도 있다. 이때 필요한 것은 사람 보는 눈을 기르는 것이다. 내 기준이 없으면 쉽게 휩쓸리거나 나보다 못한 사람의 말에 휘둘려 나를 검열하게 된다. 다양한 사람을 만나면서 내가 생각하는 좋은 사람, 위험한 사람을 구분해 보자.

## 4. 한 번 내뱉은 말은 지킨다

이유 없이 나를 미워하는 사람도 있지만 그 전에 내 모습을 돌아보는 시간도 가져보자. 만에 하나 있을 내 성격의 아쉬운 점을 보완하면 더욱 만만하게 보일 이유는 없으니 말이다. 혹시 내뱉은 말을 실천하기보다 말뿐인 적이 많지는 않았는가. 상대와의 약속을 어기거나, 말로는 하겠다고 했지만 막상 제대로 지킨 적이 없는 경우처럼. 서로 주고받는 약속만 지켜도 믿을 수 있고 성숙한 사람이 된다.

이렇게 나의 갑옷을 갖추었지만 문제가 하나 있었다. 일터에서 경쟁해야 하는 상황에서는 포식자에게 밀릴 수밖에 없다는 것이었다. 포식자들은 단순하기 때문에 피식자를 이길 확률이 높다. 본능과 이익을 우선시하며 타인의 사정과 감정을 고려하지 않기 때문에 이는 수단과 방법을 가리지 않고 달려드는 실행력으로 이어진다. 피식자가 타인의 상황을 고려하고 맥락에 맞춰 일하려고 고민하는 시간에 일단 달려드는 것이다. 게다가 포식자가 여럿이라면 일터가 전쟁터로 변하는 건 시간 문제다.

포식자와의 전쟁에서 살아남아 세상을 잘 살아가려면 어떻게 하는 것이 좋을까? 나는 괴물과 싸우려다 괴물이 된 사람들을 여럿 보았다. 분명 예전에는 그렇지 않았는데, 폭군 같은 상사를 상대하다 보니 점점 자신의 장점은 깎이고 본인이 싫어한다고 말했던 상사의 모습을 닮아갔다. 함께 한 시간이 오래되며 동기화된 것처럼 말이다. 행여나 나도 그렇게 변할까 봐, 나를 잃지 않으면서 현명하게 대처하는 방법을 고민했다.

나는 물소에게서 답을 찾았다. 물소는 초식동물임에도 포식자가 함부로 건드리지 못한다. 시속 55km로 달릴 정도로 힘이 센 데다 무리 지어 다닌다. 단체로 다니는 물소는 맹수를 쉽게 제압할 수 있다. 같은 동물을 군이 공격하지 않아도, 포식자가 아니어도 함께한다면 이길 수 있다. 물소의 모습을 보면서 나는 **타인을 배려하고 이해하는 마음이 먼저인 사람들, 상황에 공감하고 마음을 쓰는 이들의 연대가 필요하다**고 느꼈다. 만만하다는 취급을 받는 이유가 타인에게 마음을 쓰는 공감 능력이 뛰어난 영향도 있다고 생각했기에 더더욱 뭉쳐야겠다고 생각했다.

성유미 정신과 전문의는 저서 《이제껏 너를 친구라고 생각했는데》에서 '다섯 사람의 법칙'을 제안했다. 타인을 배려하고 베푸는 사람 다섯 명만 모이면, 이기적이고 착취적인 관계 대신 변화를 시작할 수 있다는 것이다. 이 다섯 사람의 법칙은 나를 일으켜 세웠다. 강력한 빌런이 있는 회사에도 분위기를 바꿀 다섯 명은 있었다. 타인의 입장을 생각하고 이해하려는 마음을 가진 사람들이었다. 후배들에게 만큼은 답습되지 않도록 이들과 사내 문화를 만들고자 했을 때, 어려운 회사 생활을 버틸 힘이 생겼다. 세상은 쉽게 바뀌지 않고 회사 역시 결론적으로는 바뀌지 않았지만 적어도 내 주변의 분위기는 바꿀 수 있었기에 무력감에 빠지지 않았다.

만약 당신이 말을 하기 전 상대의 입장을 생각하느라 망설인 적이 있다면, 누군가의 경사에 뛸 듯이 함께 기뻐한 적이 있다면, 부당한 대우를 받는 입장에 있어본 적이 있다면 말해주고 싶다. 당신은 공감 능력이 뛰어난 매력적인 사람이라고. 생각해 보면 우리는 마음이 통하거나 공감받고 있다고 느끼는 상대에게 호감을 느끼지 않는가. 각자의 삶을 사느라 바쁜 와중에도 나와 함께 웃고 울 줄 아는 마음의 재능은 쉽지 않은 만큼 더 귀하다. 그렇게 공감 능력이 매력인 사람들 다섯 명만 모인다면 부정적인 영향력을 줄일 수 있다. 포털 사이트 뉴스 기사나 누군가의 유튜브 채널에 선플을 달며 분위기를 정화하는 것처럼 말이다.

3장. 나의 편을 만든다

영장류나 고래처럼 지능이 높은 사회적 동물은 상대방의 감정을 파악하는 공감 능력을 지녔다고 한다. 게다가 물고기도 공감 능력이 있다는 연구 결과가 있다. 포르투갈 굴벤키안 과학 연구소의 행동 생물학자와 국제 연구진은《사이언스》잡지를 통해 '제브라피시'라는 관상어가 동료 물고기의 공포를 함께 느끼고 공감하는 능력을 지녔다는 것을 밝혔다. 물고기는 통증을 느낄 뿐만 아니라 감정에 이입하고 도움을 주는 감정적 동물이라는 것이다. 타인을 만만하게 보고 공감할 노력조차 하지 않는 사람을 만나 고단해질 때 이를 기억하자. 다른 사람의 입장을 생각하지 않거나 갑질을 일삼는 이들은 물고기보다 못한 지능을 지닌 것이 아닌가 라고. 정확히는 제브라피시보다 공감 능력이 떨어지는 사람일 것이다.

**만만하다는 말을 들었다고 해서 나에게 잘못이 있다고 생각하지 말자. 만만한 게 아니라 공감 능력이라는 매력을 지닌 것이다.** 이 글을 읽으며 스스로 공감 능력이 높지 않다고 생각하는 독자도 있을 것이다. 걱정할 필요 없다.《공감은 지능이다》의 저자이자 스탠퍼드대학교 심리학 교수인 자밀 자키$^{Jamil\ Zaki}$에 의하면 공감은 연습과 학습을 통해 가능하다고 했다. 그리고 공감 능력을 기를 쉬운 방법으로 독서를 제안했다. 특히 소설이나 수필 같은 문학 작품을 읽는 것이 공감 형성을 유도한다고 한다. 나와 다른 삶을 사는 주인공의 시점을 따라가다 보면 어느새 감정적 경험이 확장되어 있음을 알 수 있기 때문에 독서는 여러모로 적절한 방법이다. 무엇보다 지금 당신은 공감 능력의 매력에 대해 설명하는 이 책을 읽고 있지 않은가. 공감 능력이 떨어진다고 생각하더라도 책이라는 간접 경험을 통해 공감 근육을 기르고 숨은 매력을 발견할 수 있을 것이다.

**희렌최널 유튜브**
은근히 후려치기 당하기 쉬운, 만만한 사람 특징

**센스 노트**

# 만만하게 보이지 않도록 대처하는 법

### · 내 분야의 실력 갖추기

실력은 최고의 대처법이다. 평소 실력을 쌓아나간다면 나를 만만하게 보던 사람도 반박하지 못하고 조용해질 수밖에 없다.

### · 제대로 되묻기

불쾌한 언사를 들으면 '그게 무슨 뜻인지' 물으며 상대가 무례하다는 걸 스스로 알게 한다. 선 넘는 말의 의무를 상대가 지게 하는 것이다. 장난으로 무마한다면 '별로 재미없다'라고 딱 잘라 대응한다.

### · 좋은 인연의 기준 세우기

다양한 사람을 만나며 좋은 사람의 기준이 무엇인지 세운다. 특히 자기 검열이 심한 사람일수록 자신에게 좋은 사람과 위험한 사람을 구분하는 것이 덜 휘둘리는 데 도움이 된다.

호감의 시작

# 비호감에
# 대처하는 연습

인간은 본디 외로운 존재다. 마라톤 같은 인생에서 함께 달릴 사람을 만나기도 하지만, 완주를 위해 몸을 일으키는 건 각자의 몫이기 때문이다. 끝없이 펼쳐진 길을 달리다 보면 아득함과 함께 외로움을 느낄 때가 있다. 외로움을 감추거나 극복하려고 나답지 않은 행동을 하기도 하고 굳이 하지 않아도 될 말을 하게 된다. 그때마다 나는 김목인의 노래 〈그게 다 외로워서래〉를 흥얼거린다. 그게 다 외로움 때문이라고 담담한 톤으로 노래하는 다정한 목소리를 떠올리면 나도 모르게 미소가 나온다. 당신도 외로웠구나 하며 상대를 이해하고 싶어지는 것이다. 회사에서 매일 빌런을 상대하며 온탕과 냉탕을 오가던 시절 이 노래를 자주 들으며 위로를 받았다.

내가 몸담았던 방송국에는 개성이 뚜렷하고 주장이 강한 사람들이 많았다. 그만큼 관계의 난이도가 높게 느껴지는 사람들도 많았다. 일로 만났기 때문에 나와 맞지 않다고 해서 무작정 피할 수도 없었다. 하지만 웃는 사람이 결국 이긴다고 했던가. 똑같이 감정적으로 대하고 싶지 않아 정보력을 키워보았다. 이해가 가지 않는 행동을 하는 사람을 만날 때마다 그의 행동이나 성향이 어디에서 비롯되었는지 알기 위해 서적을 찾아보기 시작했다. 그 과정에서 어쩐지 날 선 마음이 점차 녹았다. 인문, 사회, 과학이 다각도로 말해주는 인간의 본성을 접하면서 상대에 대한 원망이나 미움보다 연민이 생겼다. 나를 어렵게 하는 사람을 알고자 할수록, 그의 방어기제나 본성을 이해하려 할수록 마음이 풀렸다. '머리는 차갑게, 가슴은 뜨겁게'가 가능해지며 불필요한 감정 소모를 줄이게 되었다.

### '왜 저래'가 아닌 '그래서 그래'라고 생각하는 것은

호감의 시작

**어떨까. 상대를 이해하기 위한 것이기도 하지만 결국 나를 위한 것이다.** 부정적인 사람의 특징을 이야기하는 내 영상에도 '제가 그런 사람은 아닌지 저부터 돌아봐야겠네요'라는 댓글을 어렵지 않게 찾아볼 수 있다. 타인을 이해하기 위해 얻는 정보를 스스로에게 적용하는 것이다. 나 역시 그랬다. 누군가를 제대로 상대하려고 책을 뒤적이며 가장 먼저 자기반성을 하게 되었으니까.

정신 분석학의 아버지 프로이트는 인간의 자아를 원초아$^{id}$, 자아$^{ego}$, 초자아$^{super-ego}$로 분류한다. 원초아는 본능의 영역이고 자아는 의식적 주체다. 초자아는 이상적인 자아로, 무의식적인 주체다. 도덕, 양심으로 본능과 자아를 억제한다. 자아의 세 가지 개념은 내 특성을 깨달을 수 있게 했다. 습관적으로 자기 검열을 하며 몰아세웠던 건 초자아가 열심히 가동된 결과였다. 객관적으로 인지하고 나니 답답했던 모범생적인 자아를 이해할 수 있었다. '초자아가 열심히 일하고 있구나'라고 생각하며 넘길 수 있게 됐다. 그렇게 상대방을 이해하기 위해 시작한 공부가 오히려 내게도 도움이 되었다.

3장. 나의 편을 만든다

"작가님께서 생각하시는 라디오 PD가 갖춰야 할 덕목이 있을까요?"

〈별이 빛나는 밤에〉, 〈두 시의 데이트〉, 〈고스트네이션〉 등 전설의 라디오 프로그램에서 활동한 구자형 작가님의 강의를 들은 적이 있다. 내 질문에 작가님은 지금의 나를 만들고 일으켜주는 답을 해주셨다.

"PD의 인품이 프로그램에 그대로 녹아듭니다. 좋은 사람이 되세요."

PD가 어떤 생각과 마음으로 콘텐츠를 만드는지에 따라 프로그램의 톤 앤 매너가 달라지고, 비슷한 사람들이 모여 좋은 프로그램이 된다는 것이다. 그때부터 마음을 다잡았다. 어느 곳에서든 따뜻한 마음으로 콘텐츠를 만들고, 미움 대신 이해와 포용을 전하는 말을 하면 매력을 느끼고 공감하는 사람들이 모일 것이다. 이때 배운 시선으로 영상을 만들었을 때 놀랍게도 주파수가 맞는 댓글이 달리는 것을 발견했다. 미움, 복수, 저격이 아닌 이해와 방어, 자기수용을 바탕으로 한 영상에 공감의 댓글이 달릴 때면 외롭지 않을 수 있었다. **먼저 좋은 사람이 되라는 말은 인생의 문장이 되어 지금도 나를 움직이게 한다.** 살면서 비호감이라고 느껴지는 사람을 만날 때면 작가님의 말을 생각한다. 내가 좋은 사람이 되자고. 그렇게 좋은 사람이 되고, 나를 이해하면서, 타인도 이해해 보자고.

# 관계 스트레스를
# 줄이는 습관

사람이 가장 어렵다. 어른이 되면 자연스레 사라질 줄 알았던 관계에 대한 고민은 끝나지 않고 지속된다. 형태만 조금씩 달라졌을 뿐 고민이 새롭게 진화해 몸과 마음을 무겁게 가라앉힌다. 마음대로 되지 않는 관계로 힘들어질 때면 먼저 화살이 나에게 향한다. 내가 잘못한 건 없는지, 무엇이 부족했는지 돌아본다. 답을 찾으면 다행이지만 마땅한 답을 찾지 못하면 나에게 향했던 화살이 방향을 틀어 상대에게 향하게 된다. 실수가 명백했을 땐 서로 풀면 되지만, 혼자만의 오해가 쌓이면 그때부터 관계에 금이 가기 시작한다. 그동안 쌓은 신뢰는 사라지고 부정적인 감정이 지배하게 되는 것이다.

관계의 굴곡을 몇 번 겪고 나서, 좋은 관계를 오랫동안 유지하려면 내 마음가짐부터 점검해야겠다고 생각했다. 불필요한 오해를 키우지 않아야 나도 덜 힘들고 적어도 나로 인해 관계가 망가지는 일은 막을 수 있을 테니까. 그렇게 인간관계의 스트레스를 줄이기 위해 나는 다음의 세 가지 습관을 들이려고 노력했다.

## 1. 인간관계는 식물 키우기다

나를 둘러싼 인간관계 속에서 서운한 감정을 자주 느끼던 시기가 있었다. 나만 빼고 다른 친구들과 자주 만나는 것 같은 친구, 다른 사람에겐 SNS 하트를 잘 눌러주면서 나에게는 가끔 눌러주는 사람, 자신이 필요할 때만 연락이 잘 되는 사람 등 사소하지만 한 번 인지하고 나니 그렇게 신경 쓰일 수가 없었다.

그러던 어느 날 문득 거실 한쪽에 놓인 화분이 보였다. '유독 이 나무는 잘 자라고 있네?' 예전부터 식물에 있어서

( 165 )
3장. 나의 편을 만든다

는 마이너스의 손이었다. 내가 키우는 식물들은 오래 살지 못했다. 그런데 구석에 놓인 작은 고무나무는 몇 년 동안 꾸준히 잘 자라고 있던 것이다. 다른 식물들과 어떤 차이가 있길래 저 나무만 잘 자랐을까 생각해 보았다. 이유는 적당한 관심과 무관심이었다. 잘 키우고 싶은 마음에 자주 들여다보며 물을 주던 여인초는 생각보다 오래 살지 못했다. 그다음으로 물을 자주 주지 않아도 잘 산다는 스투키를 들였는데, 그러다 보니 물을 줘야 한다는 사실을 잊어버렸고 어느 순간 바싹 말라버렸다.

**인간관계도 식물 키우기와 같다. 너무 물을 많이 주면 죽고, 무관심하면 말라버린다. 적당한 관심, 그리고 각각의 특성에 맞춰 빛과 애정을 주어야 한다.** 그런데 나는 혼자 앞서가며 하고 싶은 대로 물을 주고는 잘 자라지 않는다고 실망하고 있었다. 그때부터 관계에 대한 조바심이 줄어들었다. 적당한 물과 햇빛, 애정까지 주었다면 그다음은 식물의 몫이므로 불필요하게 상대에게 연락하거나 불안한 마음을 내려놓을 수 있었다. 생각을 비우니 어느 순간 자연스레 사람들과 연락이 닿았고 대화를 하다 보면 그간의 서운함은 대부분 내 오해였음을 깨달았다.

호감의 시작

## 2. 사람 탓이 아니라 상황 탓을 한다

마음의 여유가 있는 사람은 타인에게 휘둘리지 않고 부정적인 상황에서도 평정심을 잃지 않는다. 반대로 마음의 여유가 사라질수록 불안해진다. 여유가 없으니 생각도 급하다. 그럴 때는 사실과 다른 판단을 하게 될 확률이 올라간다. 과거에 자신이 경험한 것, 그리고 현재 처한 환경에 따라 상황을 왜곡해서 받아들이기도 하기 때문이다.

'무슨 일이 있었던 거겠지, 뭐.'

마음의 여유를 위해 나는 먼저 사람 탓을 하는 대신 환경 탓을 하려고 한다. 예를 들어, 어느 가게에 갔을 때 직원이 불친절하더라도 우선 '바빠서 그런가보다'라고 생각하면 약간의 불편쯤은 넘길 수 있다. 서비스에 문제가 생겨 내가 피해를 보지 않은 이상, 환경 탓을 먼저 하면 부정적인 감정에 전염되지 않을 수 있다.

심리학에서는 이를 귀인 이론Attribution theory이라고 한다. 그중 상대가 아닌 상황으로 문제를 돌리는 행위를 '상황적 귀인Situation attribution'이라고 하며, 반대로 상대, 성격적 결함에서 원인을 찾는 것을 '기질적 귀인Dispositional attribution'이라고 한다. 불친절한 종업원을 만났을 때 인성이나 서비스 정신에 문제를 제기하는 식이다. 기질적 귀인으로 판단하면 문제의 원인이 상대방 그 자체가 되기 때문에 내 판단에 오해가 생겼을 때 감정의 골이 더 깊어질 수 있다. 상황적 귀인으로 판단하면, 상황이 좋아졌을 때 상대와의 관계가 다시 긍정적으로 변할 수 있고 지속해서 관계를 이어가는 선의로써 받아들일 수 있다.

상대가 아닌 상황 탓을 하는 것이 관계에 좋은 영향을 미친다는 연구 결과도 있다. 프랭크 핀첨Frank Pincham과 토마스 브래들리Thomas Bradley는 신혼부부 130쌍을 오랜 시간 연구했는데, 문제가 생겼을 때 상대 탓을 자주 하는 부부는 점점 불행한 생활을 하는 반면, 상황 탓을 하는 부부는 결혼 생활이 좋아졌다고 말했다. 부부에게만 국한된 이야기가 아니라 누구에게나 적용되는 이야기다. 내 코가 석 자인 세상에서 상대를 이해하려는 노력은 오해를 줄이고 관계를 지속시킬 수 있다.

## 3. 감정 컨디션을 깨닫는다

육체는 정신을 지배한다. 몸이 피곤하고 건강하지 않으면 생각도 부정적으로 이어지기 쉽다. 그래서 컨디션이 저하된다고 느껴지는 날에는 되도록 머릿속에 브레이크를 걸려고 한다. 별다른 이유 없이 화가 나거나 평소엔 그냥 넘어갔을 상대의 사소한 행동에 서운함을 느끼면 내 상태를 점검해 본다. 잠을 제대로 못 잤는지, 배가 고픈지, 호르몬 주기상의 문제인지. 대부분 이 세 가지 이유를 벗어나지 않는다.

**몸의 컨디션뿐만 아니라 감정 컨디션도 확인한다.** 오늘 아침에 일어났을 때부터 내 감정은 대체로 어땠는지, 기복이 심했는지, 무기력했는지, 일 때문에 힘든 건 아닌지 돌아본다. 내 마음을 확인하면 문제의 원인이 누구에게 있는지 객관적으로 판단할 수 있다.

심리학에서 감정 어림법Affect heuristic은 정서를 이용해 사람에 대한 평가를 만드는 과정을 말한다. 기분이 좋지 않은 상태에서 상대가 작은 실수를 했다면 더욱 부정적으로 생각할 수 있다. 그래서 나에게 한 뼘 떨어져 기분을 객관적으로 인지해 보려고 노력하며 평정심을 찾으라는 것이다. 원인이 상대에게 있는 것이 아니라 나의 컨디션 때문이라면 부정적인 정서에 영향을 덜 받을 수 있다. 평소와 다른 불편한 감정을 떨쳐낼 수 없다면 문제를 나의 컨디션에서 찾아보자.

관계는 내 마음 씀씀이에서 출발한다. 상대가 나에게 실수할 때가 있는 것처럼, 나 또한 누군가에게 실수를 저지를 수 있다. 비난하는 마음을 앞세우는 것보다 관계가 틀어지게 된 상황을 먼저 아는 것이 중요하다. 나를 알고 상대를 이해하려고 할 때 관계 또한 모나지 않을 수 있게 된다.

**희렌최널 유튜브**
인간관계 힘들 때 스트레스 안 받는 비결 4가지

**인간관계의 스트레스를 줄이는 세 가지 습관**

· **식물을 돌보는 것처럼 생각한다.**

식물에는 물을 너무 많이 줘도 영양 과다로 죽고, 적게 주면 말라버린다. 인간관계도 마찬가지다. 적당한 관심, 각자의 성격에 맞게 애정을 주어야 한다. 서로의 감정적 속도가 맞아야 관계도 매끄럽다.

· **사람이 아닌 상황을 탓해 본다.**

그 사람의 고질적 문제가 아닌 상황이 오해를 불러일으킨 것일 수도 있다. 누군가가 나에게 잘못된 행동을 했다면 곧바로 그를 탓하기보다 왜 그랬을지 상황 탓을 먼저 해보는 것도 원활한 관계에 도움이 된다.

· **감정 컨디션을 파악한다.**

육체는 정신을 지배하기 때문에 몸뿐만 아니라 마음의 컨디션도 챙겨보자. 오늘 하루 내 감정은 어땠는지, 무기력했는지, 즐거웠는지 등 한 발짝 떨어져서 나를 살펴보면 문제의 원인을 알 수 있다.

# 돈독한 인연을
# 만드는 비결

라르고$^{Largo}$는 악보에서 '아주 느리게' 연주하라는 말이다.
4분의 4박자, 4분의 3박자처럼 일정한 규칙 아래에서 움직
이는 음표에 이런 지시 언어가 붙으면 예외가 생긴다. 원래
대로라면 네 박자로 치고 끊어야 하는데, 라르고가 붙었으
니 그보다 느리고 길게 연주해야 한다. 처음 피아노를 배우
던 초등학생 때의 나는 이 말이 잘 이해되지 않았다. 느리
게 치라는 것은 알겠는데, 뒤에 붙은 느낌을 구현하기가 어
려웠기 때문이다. 라르고에는 아주 느리게 외에도 폭 넓게,
여유롭게 치라는 의미도 있다. 당시엔 아주 느리게 치는 느

낌과 폭 넓게, 여유롭게라는 느낌의 차이를 정확히 인지하지 못했다.

어른이 되고 나서 비로소 그 의미를 깨달았다. 느리게 하는 행위 자체에 답이 있었다. 말과 행동을 느리게 하면 폭 넓고 여유로운 태도가 따라왔다. 이런 느린 태도는 나이가 들수록, 특히 관계에 있어서 중요하다. 보통 나이가 들면 자기 세계가 확고해지면서 고집이 생기기 쉬운데 느리게 행동할수록 아집보다는 여유로운 모습일 수 있기 때문이다. 그러니 한 템포 느린 여유를 갖춰보자. 자기도 모르는 사이에 삶의 템포가 빨라질 때 라르고를 읊조려 보는 것이다.

## 1. 감정의 느림이 가져다주는 것: 이해

속도를 늦추고 천천히 행동하면 불같은 감정에 가려진 타인의 어려움이 보이고 이해심이 생긴다. 이를 실감한 건 건물 주차장에서 정산할 때였다. 앞에 서 있는 분들이 정산기를 한참 동안 붙들고 있자 나도 모르게 조금씩 답답해졌고 다음 일정 때문에 점점 조급해졌다. 그러다 연락이 쏟아지는 휴대폰에서 눈을 떼고 이들을 바라보았다. 보다 보니 왠지 부모님의 모습이 겹쳤다. 기계를 다루기 어려워서 쩔쩔매는 엄마와 아빠가 서 계신 것 같았다. 순간 치솟은 감정이 가라앉았다. 조심스레 다가가 그분들을 도와드렸고 서로 정산을 잘 마칠 수 있었다. 만약 계속 휴대폰만 보고 있었다면 기다리는 시간은 더 길어졌을 것이다. 잠시 멈추고 한 걸음 멀리서 보니 오히려 서로에게 좋은 결과가 되었다. **부정적인 감정이 불쑥 떠오를 때일수록 느린 태도가 필요하다.**

## 2. 행동의 느림이 가져다주는 것: 배려

배려심이 깊은 사람을 알아보는 나의 방법이 하나 있다. 말하고 싶지 않은 이야기임을 밝혔을 때 더 이상 묻지 않는 사람이다. 자신의 호기심보다 말하기 싫어하는 상대를 배려하는 마음이 크다는 뜻이다. 사실 나는 묻지 않는 게 쉽지 않았다. 한 번 궁금하면 알게 될 때까지 답답해했다. 하지만 커뮤니케이션을 공부하고 말에 대한 콘텐츠를 만들면서 **무언의 배려가 오히려 관계를 지키는 데 힘이 된다**

는 것을 알았다.

배려를 건넸을 때 오히려 대화의 흐름이 새로워지는 경우를 자주 겪었다. 배려받고 있다고 느낀 상대의 마음이 편안해지면서 묻지 않았던 다른 이야기들도 나누게 되는 것이다. 내키지 않는 이야기를 하게 만들기보다 상대를 살피며 그에 맞춰 대화할 때 관계가 긍정적인 방향으로 이어질 수 있었다. 마음의 빗장을 여는 건 인내라는 것을 체감한 순간들이었다.

## 3. 욕심의 느림이 가져다주는 것: 교감

나의 욕심과 상대의 욕심이 충돌할 때도 라르고를 지시할 차례다. 특히 상대보다 사회적 지위가 높거나 어른일수록 기다리는 태도가 필요하다. 보통 나보다 나이가 많은 사람에게 하고 싶은 말을 제대로 하지 못하는 경우가 많지 않은가. 어른의 입장에서 지시하거나 잔소리하고 싶은 마음을 멈추고, 천천히 들어보려고 해야 한다. 미처 알지 못했던 상대의 진심을 알 수 있게 된다.

그래서 나는 예리한 질문을 던진 다음에 나를 가만히

살피는 선배들이 좋다. 어떤 말을 하든 들어줄 준비가 된 선배의 태도와 나를 궁금해하는 기대에 부응하고 싶어서 긴장되기도 하고 감사해진다.

사람은 누구나 자기중심적이다. 관계가 친밀할수록 대화 중에 상대의 말을 자르고 내 얘기를 하고 싶은 욕구, 아는 척하고 싶은 마음이 앞선다. 하지만 자기 이야기만 하는 사람과 누가 관계를 지속하고 싶어 할까? 욕심에 제동을 걸어 대화의 일방통행을 막아보자. **사람은 자신의 말을 주의 깊게 듣고 경청하는 사람에게 호감을 느낄 수밖에 없다. 대화를 나누며 상대의 입장이 되어보려는 노력은 당신의 매력을 두 배로 올려주는 일이 된다.**

라르고에는 '아주 느리게'와 '폭 넓고 여유롭게'라는 뜻만 있는 것이 아니다. 덜 알려진 의미가 하나 더 있다. 바로 '표정을 풍부하게'다. 표정을 풍부하게 하려면 아주 느리게 여유를 갖춰야 한다는 뜻으로도 해석된다. 일상에 치여 굳어 있던 감정의 표정이 풍부해지는 순간, 내게서 드러나는 매력은 더욱 커진다. 표정이 풍부한 배우에게 매력을 느끼는 것처럼 말의 표정, 행동의 표정을 진심으로 전하면 관계

호감의 시작

가 달라지는 것을 느낄 것이다. 자신이 갈 길을 걷는 것도 바쁜 세상에 상대를 위한 여유를 건네는 사람은 특별하게 느껴질 테니까. 돈독한 사이로 발전할 수 있는 비결이다.

**돈독한 관계를 만드는 매력적인 태도**

---

### · 감정적으로 느릴 것

유독 감정의 역치가 낮은 사람이 있다. 여유가 없기 때문이다. 마음이 급하면 분노나 짜증같이 부정적인 감정도 쉽게 생긴다. 급할수록 하던 일도 잘 안된다. 심호흡을 하고 느리게 생각하는 연습을 하자.

### · 행동을 느리게 해볼 것

상대가 좋아하는 것을 하려고 애쓰는 것보다, 상대가 싫어하는 일을 하지 않는 것만으로도 오히려 호감을 줄 수 있다. 앞서지 말고 상대를 살피며 행동해 보자.

### · 욕심을 후순위로 미뤄볼 것

특히 대화할 때 내가 하고 싶은 말만 하면 배려 없는 사람이 된다. 나의 얘기만 한다고 해서 주도권이 잡히는 게 아니다. 나의 욕심은 뒤로 하고 상대를 경청하며 대화를 주고받는 자세가 더 주도적이다.

★ ★ ★

# 사람 경력은
# 이렇게 쌓는다

"사람들에게 너무 잘해주지 마세요."

어느 임상심리 전문가와 인터뷰를 하다가 너무 애쓰지 말라는 말을 들은 적이 있다. 머리를 한 대 맞은 것 같았다. 인간관계에서 받았던 상처의 핵심을 관통하는 말처럼 들렸기 때문이다. 예전에 나를 힘들게 한 사람들은 내 노력과 성향을 이용하면서 자기 뜻대로 움직이려고 했다. 그래도 잘해보고 싶어서 말을 들어주고 긍정적인 면을 살펴려고 애썼는데 그들에게는 나를 가스라이팅하는 이유가 되었다.

지금의 나는 사람들에게 더 잘해주지 못해 아쉽지만, 과거의 나는 사람들에게 덜 잘해주었어야 했다. 가스라이팅이라는 단어가 지금처럼 대중화되지 않았던 때라 선의를 이용하려는 이들에게 둘러싸여 내가 무엇을 당하는지도 모르고 스스로만 탓하며 자존감이 바닥을 찍었다. 하지만 덕분에 귀한 능력치를 얻었다. '사람 경력'이다. 방송국과 엔터 회사를 거치며 여러 인간 군상을 겪었다. 게임에서 1단계 보스를 이겨야 다음 단계로 넘어가는 것처럼 한 명 한 명 부딪치고 견뎌내며 인간관계의 맷집을 키울 수 있게 됐다. 이제는 상대의 마음을 이용하거나 에너지 뱀파이어처럼 다 같이 늪으로 끌어내리려는 이들을 대하는 최소한의 노하우가 생겼다.

어두운 감정은 쉽게 퍼진다. **매사 부정적이고 비관적인 사람이 가까이에 있을수록 경계해야 한다.** 무시할 수 있다면 좋겠지만 상사나 동료, 후배로 만나는 경우처럼 피할 수 없는 관계가 더 많다. 그래서 나는 사람 대 사람으로 도리는 다하되, 물들지 않도록 세 가지 연습을 했다. 연습이 습관이 되면서부터는 관계에서 나를 지킬 뿐만 아니라 스스로 무언가를 해낼 수 있다는 믿음도 자라났다. 이런 사람도 겪었으니 누가 와도 이길 수 있다는 배짱이 생기고 자기 효능감이 높아졌다. 관계로 고민하고 있다면 스스로를 탓하기 전에 이 방법들을 살펴보자.

## 1. 한 발짝 멀리서 지켜본다

촬영할 때 카메라의 줌을 멀리 빼는 줌 아웃zoom-out을 적용하면 화각이 넓어진다. 줌으로 당겼을 때는 보이지 않던 온갖 잡동사니가 드러나며 기존에 잡은 무드가 깨진다. 즉, 미처 몰랐던 현실을 자각하게 만든다. 영화나 드라마에서는 이 기법을 의도적으로 활용하기도 한다. 등장인물의 표정만 타이트하게 보여줘서 감정 이입을 하게 만들다가, 갑자기 장소와 공간이 드러나는 풀 샷을 보여주며 상황을 객관적으로 인지하게 한다.

부정적인 에너지를 뿜는 사람은 서서히 줌을 당기는 모습과 닮았다. 의식하지 못하는 사이에 나도 부정적인 감정에 동화되어 있다. 그럴 때일수록 줌 아웃을 하듯 한 발짝 멀리서 나의 상황을 객관적으로 봐야 한다.

직장생활을 할 당시에 어느 선배에게 오랫동안 가스라이팅에 시달리다가 벗어날 수 있었던 것도 한 발짝 뒤에서 상황을 보게 된 사건 덕분이었다. 나를 괴롭혔던 그는 끊임없이 본인에 대해, 나와 본인의 관계에 대해, 그리고 나에 대해서까지 세뇌하곤 했다. 어떤 대화를 나눠도 결론은 늘 자신이 옳았다. 객관적으로 그가 잘못한 일이 벌어져도 시간이 지나면 모두 내 탓이 되어 있었다. 뭔가 잘못되고 있다는 것은 알았지만, 자존감이 낮아진 상태라 확신이 없었다. 그러다 내가 제삼자로서 그와 비슷한 직급에 있는 다른 사람과의 대화를 지켜볼 일이 생겼다. 객관적으로 봤을 때 나를 힘들게 했던 그 선배의 잘못이었다. 하지만 그는 끝까지 자기 잘못을 인정하지 않았다. 심지어 은근슬쩍 상대에게 잘못을 뒤집어씌우려고 했다. 계속 감정에 호소하고 앞뒤가 맞지 않는 자기만의 논리로 몰아가는 모습을 보면서, 내가 아니라 나를 괴롭힌 사람에게 문제가 있다는 것을 비로소 깨닫게 되었다.

철학자 발타자르 그라시안Baltasar Gracián은 **불행을 동정하되, 선의를 이용당하지는 말라**고 했다. 나는 이 말이

( 182 )
호감의 시작

이렇게 들렸다. '아무리 심지가 곧은 사람이라도 오랜 시간 이용당하다 보면 마음이 점점 차가워질 수밖에 없다. 그러면 정작 필요한 사람들에게 줄 애정이 줄어든다. 내가 아끼는 사람들과 마음을 주어야 할 곳에 힘을 쏟아붓기 위해선 나를 지키는 지혜가 필요하다'라고.

지금 누군가에게 휘둘리고 있다면, 자신감이 떨어지고 내가 믿어왔던 가치와 신념이 흔들린다면 줌 아웃을 할 타이밍이다.

## 2. 태도는 부드럽게, 말은 단호하게 한다

강한 자만이 살아남는 약육강식의 분위기 속에서 조그만 말실수에도 몇 배로 뒤집어씌우는 이들이 많았다. 그때부터 나는 이리 치이고 저리 치이지 않기 위해 한 번 더 침착하게 생각하고 말하는 버릇이 생겼다. 그리고 나를 지킬 **호신용 언어를 고민했다. 가장 효과적인 방법은 단호하게 말하되 태도는 부드럽게 대하는 것이었다.** 말하고 있는 모습 자체가 친절하니 시비가 걸릴 일도 없었다. 유명한 커뮤니케이션 이론인 '메러비안의 법칙'에 의하면, 우리는 대화 중에 상대가 말하는 내용보다 시각이나 청각적 요소에 큰 영향을 받는다고 한다. 시각은 55%, 청각은 38%, 말의 내용은 7%밖에 차지하지 않는 것이다. 같은 메시지라도 표정, 목소리 톤과 어조에 신경 쓰면 더 부드럽게 들리는 이유다.

처음에는 강한 어조로 함께 화를 내며 맞서보기도 했다. 하지만 일터에서 화를 내면 일은 해결되지 않고 나만 피곤해졌다. 더군다나 애정 없는 상대에게 시간을 들여서까지 에너지를 낭비할 이유가 없었다. 일하기도 바빴던 나로서는 더욱이 태도를 부드럽게 바꾸는 것이 맞는 방식이었다. 그렇게 점점 휘둘리지 않게 됐고 자신의 입맛대로 하려는 사람들도 사라졌다.

## 3. 말보다 행동하는 사람을 곁에 둔다

사람은 입체적이기 때문에 인간관계가 어려울 수밖에 없다. 어느 날은 나쁜 사람이었다가도 어느 날은 아니다. **상대방을 어떻게 대해야 할지 헷갈리면 나와 상대의 말을 음소거해 본다. 그럼 말 이면에 감춰진 모습을 제대**

**로 볼 수 있다.**

먼저, 상대의 말을 경청한다. 경청하려는 내 노력을 이용하는 사람도 있었지만, 경청하는 태도 자체는 배려하는 모습이며 상대를 어떻게 대해야 할지 파악하는 데 도움이 된다. 특히 부정적인 느낌을 주는 상대와의 대화에서도 경청이 중요하다. 상대의 말을 잘 들으면, 나를 방어하며 상대를 파악하는 힌트를 얻을 수 있다. 반대로 내 이야기를 지나치게 많이 할 경우 상대가 마음대로 나를 재단할 빌미를 줄 수 있기 때문에 말을 아끼는 것이 좋다.

이상하게 내가 원하는 프로젝트와 반대되는 일만 시키는 상사에게서 이것을 배웠다. 대화 중 업무의 호불호를 비롯해 내가 바라는 일에 대해 속속들이 알았기 때문에 상사는 내게 정반대의 일만 지시할 수 있었다. 우연의 일치인 줄 알았지만 의도적이었다는 것을 알게 된 후부터, 누군가를 만날 때 서로가 편안한 관계가 되기 전에는 말을 아끼게 되었다.

다음으로 상대의 행동을 본다. 말하는 대로 행동하는 사람인지, 말뿐인 사람인지 보는 것이다. 여러 사람에게 휘둘리던 시절에 불필요한 감정을 끊어낼 수 있었던 것도 그들이 어떻게 행동하는지 살핀 덕분이었다. 나를 아낀다고 말하며 온갖 잡무를 떠넘겨놓고 정작 필요한 순간에는 도움을 주지 않았던 사람부터, SNS에선 소중한 친구라고 뽐내지만 매번 약속에 1시간 이상 늦는 게 당연했던 친구까지 다사다난한 관계에 큰 교훈을 안겨주었다.

나를 괴롭게 하는 사람들 때문에 힘들어하지 말자. 너무 애쓰지도 말자. 가시에 찔리기 전에 나를 지키는 것이 나를 둘러싼 관계를 건강하게 하는 방법이다.

호감의 시작

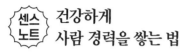

## 센스 노트 { 건강하게
## 사람 경력을 쌓는 법

- 모든 사람에게 너무 친절하지 않아도 된다.
- 매사 비관적인 사람과는 일정한 거리를 둔다.
- 관계 속에서 자존감이 떨어지고 있다면 한발 물러나서 상황을 바라보면 원인이 누구에게 있는지 보인다.
- 태도는 부드럽되, 말은 단호하게 한다.
- 내가 누군가에게 부정적인 에너지를 내뿜지는 않았는지 돌이켜본다.
- 상대가 나에게 나쁜 사람인지 헷갈린다면 말 이면의 행동에 답이 있다.
- 진심은 말보다 행동이다. 내가 누군가에게 말뿐인 사람은 아니었는지, 혹은 상대가 나에게 말만 하지는 않았는지 생각해 본다.

# 빌런은
# 되지 말자

"네가 빌런 아니야?"

요즘 회사에 빌런이 없어서 편하다는 동생에게 엄마가 농담을 던졌다. 직장인들에게 익히 알려진 일명 '또라이 질량 보존의 법칙'에 의해 직장 내 또라이는 늘 존재한다는 것이다. 공공의 적 한 명이 사라지면 또 다른 공공의 적이 등장하고, 빌런이 없는 회사처럼 느껴진다면 내가 빌런일 수 있다는 이야기에 웃음이 나지만 한편으론 씁쓸하다. 모두가 천사 같은 직장은 환상 속에서만 존재한다는 것을 확인받는 것 같다. 더군다나 직장생활에서는 각자 처한 입장이나 시점에 따라 영웅과 악당이 뒤바뀌는 경우가 많으니 모두가 좋은 사람인 회사는 드물 것이다.

영화 〈어벤져스〉에 등장하는 빌런 중 최종 보스인 타노스. 그는 인류의 절반을 무작위로 학살하는 만행을 저지른다. 인간의 시선에선 최악의 캐릭터다. 하지만 입장을 바꿔보면 어떨까? 적어도 지구의 관점에서는 다를 것이다. 기후 위기로 대두되는 지구상의 환경 문제 때문에 몸살을 앓는 지구의 입장에서 가장 큰 빌런은 타노스가 아니라 인간일 수 있다.

이번엔 시점을 달리해보자. 현재로써는 나를 힘들게 하는 사람이 시점을 달리했을 땐 고마운 존재일 수도 있다. 영화 〈위플래쉬〉의 플레처 교수 역시 그렇다. 영화 속에선 폭언과 폭력을 서슴지 않으며 가혹하게 제자를 몰아붙이는 최악의 스승이다. 하지만 시점을 미래로 이동해보면 어떨까. 훗날 제자가 최고의 드러머가 된다고 가정했을 때 플레처를 은인이라고 꼽을 수도 있다.

나도 누군가에겐 나쁘거나 비호감일 수 있다. 게다가 밥벌이가 걸려 있는 직장에서 내가 악역이라면 문제다. 그래서 우리에겐 사회생활을 위한 최소한의 기준이 필요하다. 절대 선과 절대 악의 경계가 흐린 일터에선 인간관계의 중심을 잃기 쉬우므로 입장을 바꿔도 누군가에게 피해주지 않기 위해 말과 행동에 대한 기준이 있어야 한다.

## 1. 남 탓 혹은 내 덕이라고 하지 않는다

사회생활에서 생기는 대부분의 갈등은 '남 탓'과 '내 덕'에서 비롯된다. 노동력을 제공하고 대가를 받는 이익 집단에 모인 사람들은 자신의 이익에 민감하다. 그 때문에 잘되면 내 덕, 못되면 남 탓 같은 생각은 갈등을 유발하는 원인이 될 수밖에 없다. 이런 태도라면 상대는 자신의 공이나 성과에 위협을 느끼고 방어 태세를 갖추게 된다. 내가 이렇게 말하거나 행동하진 않았는지 돌이켜보자. 주의하지 않으면 나도 모르게 어쩌다 빌런이 된다.

남 탓만 하는 사람이 비호감이라는 것은 뻔한 것 아니냐고 반문할 수 있지만, 남 탓과 내 덕은 쉽게 생기는 마음이다. 사람이라면 누구나 가지고 있는 자기중심적 편향 때문이다. 자기중심적 편향은 나를 중심으로 타인이나 대상,

호감의 시작

현상을 해석하고 판단하는 인지적 오류를 말한다. 한마디로 말해 나에게 유리한 쪽으로 해석하는 습관이다.

누구에게나 내재된 자기중심적 편향에도 **자신을 다스릴 줄 아는 사람들은 스스로 의심해 보기도 하고 상황을 객관화한다**. 그렇기 때문에 관계를 그르치지 않고 적을 만들지도 않는 성숙한 어른의 매력이 돋보인다. 반면 빌런에게는 객관성이 없다.

예전 회사에서 후배들이 치를 떠는 선배가 있었다. 그 선배와 일하면 모든 성과를 뺏긴다는 것이다. 갈취형 빌런이었다. 이런 유형은 대화할 때부터 자신에게 유리한 방향으로 말을 가로챈다. 타인의 아이디어를 슬쩍 자기 것처럼 받아 말하거나, 상대의 생각을 인정했다가도 시간이 지나면 자신이 낸 아이디어라고 믿는다. 그 선배와 함께 일하는 사람들은 자신의 공을 인정받지 못하자 의욕을 잃었다. 선배는 점점 협업 기피 대상이 되었고, 운 나쁘게 같은 팀에 배정되면 다들 문서나 메일 등 자기 일을 증명할 수 있는 증거를 남기느라 바쁜 모습이었다.

반대로 내가 닮고 싶었던 한 선배는 뛰어난 실력에 비해 겸손했으며, 후배의 성과를 아낌없이 칭찬했다. 무엇보다 자신이 실수했을 때 깔끔하게 인정하고 진심으로 사과했던 모습이 아직도 인상 깊게 남아 있다. 일에 있어선 자존심을 부리지 않는 모습이 멋졌다. 선배가 그렇게 말하고 행동할 수 있었던 것은 남 탓을 하기보다 자신이 틀릴 수도 있다는 생각 때문이었으리라.

## 2. 잘했을 때도 한 번 더 돌아본다

자기중심적 편향은 자신의 결점을 감추고 작은 성공도 크게 부풀리게 한다. 내가 일을 잘 해냈을 때도 객관적으로 돌이켜봐야 하는 이유다. 성과나 업적은 무대 위의 스포트라이트 같아서 기쁨에 취해 자칫 시야를 어둡게 만들 수 있다. 스포트라이트는 주인공을 환하게 비추지만 정작 주인공은 강한 빛 때문에 객석을 보기가 쉽지 않다. 성과는 나혼자만 잘해서 이뤄진 일이 아니기 때문에, 잘 되기까지 도움을 준 사람들 그리고 나보다 더 많은 공을 들인 사람들을 어둡게 만들지 않도록 하자.

**또한 과신하지 않아야 한다. 항상 호감을 주는 사람은 자신이 어떤 위치에 있든 교만하지 않다.** PD 시절,

연예인들과 일하며 롱런하는 사람들을 겪어봤기에 더욱 체감한다. 사람들이 끊임없이 따르는 스타들은 계속해서 다양한 시도를 하며 성장하고 있었다. 또, 자신을 과신하는 대신 주변을 챙겼다. 그들에게 나는 그저 일터에서 한두 번 만나는 사이일 텐데 그럼에도 자신을 멋지게 조명해 주는 나와 스태프들을 꼼꼼히 챙기고 늘 감사함을 표현했다. 자신의 성공과 인기를 당연하게 여기지 않기 때문에 그랬을 것이다.

행운은 준비와 기회가 만났을 때 생긴다.

– 세네카 Lucius Seneca

학창 시절부터 마음에 품은 말이다. 성공에는 실력과 노력도 중요하지만 대부분 운이 필요하다. 그리고 운이 오기까지 준비하는 과정에서 도움을 주는 사람들이 분명히 있을 것이다. 행운의 신이 있다면 그들에게 공을 돌리고 감사할 줄 아는 마음을 가진 자에게 손을 내밀지 않을까. 아니, 행운의 신이 아니라 당장 함께했던 주변 사람들의 마음을 얻을 수 있을 것이다. 내가 아직도 내게 공을 돌린 스타들

3장. 나의 편을 만든다

에게 고마운 마음을 갖는 것처럼 말이다. 무수한 인간관계에서 비호감이 될지, 호감이 될지는 습관적인 '탓'과 '덕'에 달려 있다.

★ ★ ★

# 태도를
# 스타일링하기

라디오라는 소리 매체에서 영상으로 무대를 옮긴 후 나는 바빠졌다. 이전에는 신경 쓰지 않아도 될 문제가 눈에 들어왔기 때문이다. 바로 의상이었다. 나의 모습이 드러나는 매체인 만큼 진행자의 시각적 스타일링이 중요하다고 생각해서 영상마다 다른 옷을 입고 새로운 느낌을 주려고 했다. 그러다 최근 새로운 사실을 깨달았다.

'생각보다 사람들이 내 의상에 신경을 쓰지 않는구나.'

그러면서 예전에 입었던 옷을 다시 입어 봤는데 아무도 같은 옷에 대해 언급하지 않았다. 비로소 내가 놓치고 있던 것을 깨달았다. 내 콘텐츠에서 의상보다 중요한 요소는 '태도'라는 것을. 시청자들이 외적인 모습보다 진행을 하는 나의 태도에 호감 피드백을 해주었기 때문이다.

비단 제작자와 구독자의 관계뿐만 아니다. 일상적인 인간관계에서 태도의 스타일링이 필요하다는 사실을 우리는 종종 놓친다. 나도 그랬듯, 보이는 것에 신경을 쓰기 바쁘기 때문이다. 옷을 선택하는 기준은 여러 매체를 통해 자연스레 체득하게 되는 반면, 좋은 태도를 만드는 방법이나 기준에 대해서는 잘 알려져 있지 않다. 그렇기 때문에 **관계 속에서 호감을 주고 싶다면 상대와 상황에 맞는 스타일링이 중요하다.**

직장생활을 하면서 나는 관계의 성격에 따라 유리한 태도가 있다는 사실을 배웠다. 섬세하고 개성이 강한 사람들일수록 상대의 태도나 말투에 더욱 기민하게 반응하는 것이 느껴졌다. 더욱이 나는 PD로 일했을 때 연예인, 기획사 담당자, 작가, 카메라 감독, 엔지니어 등 프로그램에 얽힌 사람들을 이끄는 포지션이었기에 내가 어떤 태도를 취하느 나에 따라 입지가 공고해지기도 하고 줄어들기도 하는 것을 즉각적으로 느꼈다.

연차가 쌓이며 체득하게 된 것은 말투였다. 상대나 상황에 따라 다른 말투를 쓰게 됐다. 라디오를 진행했을 적에 익힌 말투는 중요한 발표 자리나 사무적으로 일할 때 유리했지만, 새로운 촬영장을 낯설어하는 출연진의 긴장을 풀어주기엔 아쉬웠다. 어색함을 풀고 부드러운 분위기를 만드는 것이 PD의 몫이었기 때문에 그들에게는 다정하거나 살가운 모습을 내세워 긴장도를 풀어주는 편이 좋았다.

이렇게 자신이 가진 특성 중에 어떤 모습을 강조하느냐에 따라 상대가 나에게 호의적이기도 하고 반감을 갖기도 한다. 가족이나 친구처럼 있는 그대로의 나를 좋아해 줄 사람을 찾는 것이 아니라면, 사회생활을 하는 우리에겐 나름대로 호감 전략을 세우는 것이 필요하다.

내가 생각하는 호감 전략은 일명 3D다. 대화Dialogue, 욕망Desire, 성향Disposition으로, 관계 속에서 매력을 살리고 싶다면 이 방법들을 점검해 볼 것을 권한다.

3장. 나의 편을 만든다

# 1. 대화<sup>Dialogue</sup> : 호감 가는 사람들의 대화 스킬

### ① 말투와 목소리 톤을 조정한다

상대가 누군지에 따라 목소리 톤이나 말투를 조금씩 다르게 한다. 자신감이 없는 편이라면 목소리 톤을 진중하고 무겁게 만드는 것도 색다른 매력을 준다. 일반적으로 사람들은 낮은 톤에 신뢰도를 느끼고 밝은 톤에 친근감을 느낀다. 그러니 신뢰를 줘야 할 때는 목소리를 반 톤 낮추는 것이 진중하고 차분한 인상을 줄 수 있다. 반면 다정하고 밝고 따뜻한 분위기를 만들어야 하는 상황이라면 톤을 높여 분위기를 바꿔주자.

### ② 말에 여백을 준다

낯선 자리에서 어색한 분위기를 환기하려고 일부러 말을 많이 한 경험이 한 번쯤 있을 것이다. 불필요한 말까지 잔뜩 늘어놓아 집에 와서 뒤늦게 자책한 경험은 없었는가. 분위기를 풀어보려는 의도이지만 문제는 많이 말하며 상대가 나에게 흥미나 매력을 느낄 틈을 주지 않는 데 있다. 관계의 성격과 평소 내 캐릭터에 따라 대화 속에서 내 말의

호감의 시작

지분을 조정해 보자. 사람을 상대하는 일에 자신이 없다면 말하기보다 경청하면서 상대의 말을 기억해 뒀다가 때에 맞게 언급하거나 다른 상황에서 활용하는 것이 매력을 높이는 데 효과적이다.

## 2. 욕망Desire: 무의식 속 열망을 깨우는 행동

행동심리학에 의하면 행동은 무의식 속의 호감도를 결정한다. 두터운 친분이나 성애적 관계처럼 강하게 발전시키고 싶은 열망이 있는 상대일수록 그렇다. 이때 상대가 나에게 호감을 느낄 수 있게 하는 몇 가지 행동들이 있다.

### ① 아이컨택은 확실히 한다

관심을 표현하는 단계에서 아이컨택은 가장 효과적이다. 나와 눈을 맞추는 상대에게는 자신도 모르게 쳐다보게 되며, 몇 초간 눈을 맞추는 상대라면 나에게 관심이 있다고 생각하게 되기 때문이다. 앞서 다룬 것처럼 호감에는 상호성이 있어서 사람은 자신에게 관심이 있고 자신을 좋아하는 상대에게 끌린다.

## ② 하이파이브로 친밀함을 준다

만나면 유독 기분이 좋아지는 지인이 있다. 알고 보니 대화하면서 그가 자주 유도하는 하이파이브 때문이었다. 사람과 사람 사이에서 가벼운 터치는 강력한 화학물질인 옥시토신을 뿜는다. 옥시토신은 신뢰, 온화함, 친밀감을 높여주고 편안한 감정을 만들어낸다. 실제 연구 결과에 따르면 작은 터치들은 다양한 인간관계에서 친밀감과 긍정적인 감정을 느끼게 해주는 것으로 나타났다. 가까워지고 싶은 상대에게 갑작스럽게 터치하면서 다가가면 부담스러울 것이다. 그렇다면 하이파이브를 건네며 부담스럽지 않고 유쾌하게 친해져 보자.

## ③ 자연스럽게 웃는다

예전에 나의 데뷔작 라디오의 진행자였던 뮤지션 이아립 씨가 '**미소는 최고의 메이크업**'이라고 말한 적이 있다. 생각해 보니 그랬다. 화장을 하지 않아도, 후줄근한 옷을 입어도 환하게 웃고 있는 사람은 늘 빛났다.

미소는 우리를 빛내주기도 하지만 사람을 기억하게 하는 힘도 있다. 인간 행동 연구가 바네사 반 에드워즈[Vanessa]

호감의 시작

Van Edwards는 저서 《큐》에서 미소의 효과에 대해 말했다. 실험 대상자들에게 웃는 얼굴과 웃지 않은 얼굴이 섞인 사람들의 사진을 보여주며 이름을 외우게 했는데, 이후 뇌의 변화를 자기공명영상으로 촬영한 결과 웃는 사람의 얼굴을 떠올릴 때는 뇌의 보상중추가 활성화되었다는 사실을 발견했다. 즉 우리는 웃는 사람을 기억하기 위해 뇌를 적극적으로 활성화하며 노력을 기울인다는 것이다.

웃는 게 좋다는 것은 누구나 알지만 주의해야 할 점이 있다. 첫째, 눈까지 웃을 것. 둘째, 습관적 웃음은 멈춰야 한다는 것이다. 눈이 웃지 않고 입만 웃으면 부자연스럽고 억지로 웃는 것 같아 호감이 아니라 반감을 살 수 있다. 안 웃는 것만 못하다. 그리고 습관적으로 웃고 있었다면 전략적으로라도 자제하는 것도 중요하다. 특히 일과 관련된 관계, 신뢰를 주어야 하는 상황에서는 습관적으로 웃기보다 때때로 자연스러운 미소를 지어보자.

## 3. 성향Disposition: 상대의 성향에 맞춘 전략

상대의 성향, 성격에 맞춘 매력 전략이 필요한 순간도

있다. 앞서 사람들은 자신과 유사한 사람에게 끌린다고 말했다. 비슷한 점이 있다면 이를 중점적으로 이야기하고, 성격이 나와 정반대라면 내가 가진 면 중에 상대와 가장 비슷한 자아를 꺼내보자. 교집합을 도무지 찾기 어렵다면 긍정적인 분위기를 이끌어가되 차이점을 강조하는 대화법도 도움이 된다. 공통점을 이야기하는 것보다 어렵지만, 몰랐던 사실이나 관점을 배웠다는 뉘앙스를 전하면 대화가 부드럽게 흘러갈 수 있다.

"오, 그렇게 생각한 적은 없었는데 참신한 관점이네요."
→ 감탄
"새로운 사실을 알았네요. 덕분에 배웠어요!"→ 배움

**사람은 누구나 자신을 긍정해 주는 사람에게 매력을 느낀다.** 상대의 성향이 나와 다르더라도 이해해 보려는 마음, 상대에게 흥미를 느끼고 배우려는 태도로 다가가 보자. 나와 맞지 않는 사람이어도 당신에게 호감을 느낄 확률이 높아질 것이다.

호감의 시작

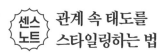

## 관계 속 태도를 스타일링하는 법

---

### · 호감을 높이는 대화 스킬

말투와 목소리 톤을 조정한다. 자신감을 높이고 신뢰를 줄 때는 반 톤 낮춘 진중한 목소리가 좋고, 친근감을 주고 싶을 때는 톤을 살짝 높여 분위기를 바꿔주자. 또한, 상대가 나에게 흥미를 줄 틈을 주도록 일부러 스몰 토크를 자주 건네기보다 상대의 말을 경청하는 자세를 갖추자.

### · 자연스러운 행동 스킬

말할 때는 아이컨택을 확실히 한다. 적당한 상황에서 미소를 건네자. 분위기를 살리려고 일부러 과장되게 웃을 필요는 없다. 조금 더 친밀해진 상황이라면 하이파이브 등으로 유쾌하게 분위기를 만들어갈 수 있다.

### · 상대의 성향에 대처하는 스킬

상대방과 교집합이 있다면 공감대를 형성해 본다. 공통점이 없다면 덕분에 몰랐던 사실을 알게 되거나 관점을 배웠다는 식으로 상대를 긍정해주는 것도 도움이 된다.

# 독보적
# 매력을
# 갖춘다

매력 없는 사람은 없다.
그러니 타인의 매력을 좇아
따라가는 것이 아닌
제1의 내가 될 수 있도록
스스로 매력을 찾아보자.

한 끗 다른 매력을 살린다면
누구에게나 호감을 주는
나의 캐릭터가 만들어질 것이다.

# 내 매력을 발견하는
# 다섯 가지 질문

모든 사람에게는 자신만의 매력이 있다. 그러나 제대로 알고 활용하는 사람은 드물다. 매력이 곧 능력인 직업군을 제외하면 말이다. 대중을 상대하는 연예인, 인플루언서는 외모, 성격, 본업 능력까지 사람들에게 평가받기 때문에 끊임없이 발전하지 않으면 살아남기 어렵다. 이들과 가까이에서 일하며 느꼈던 건, 매력은 키워내기 나름이라는 사실이었다. 특히 아이돌 그룹은 데뷔 전부터 매니지먼트에 의해 훈련된 매력을 선보인다. 그룹으로 있을 땐 조명받지 못했던 멤버가 솔로로 활동하며 압도적인 인기를 얻기도 하고,

회사를 옮기거나 프로듀서가 바뀌고 이전에는 몰랐던 매력이 발굴되어 잘되는 스타들도 있다. 결국 호감을 높일 수 있는 매력은 발견과 발전, 선택과 집중에서 나왔다.

그런데 철저히 기획된 매력에는 부작용이 있다. 본 모습과의 차이 때문이다. 가면 증후군을 비롯해 여러 성격 장애와 우울증 등을 고백하는 방송인들을 볼 때면, 타인에 의해 상업적으로 키워진 매력으로 사는 것이 본인에겐 스트레스와 부담인 것은 아닐까 싶어진다. 드러나지 않은 진짜 모습과 누군가에게 비치는 매력 사이의 괴리감은 당사자와 가까운 이가 아니라면 이해할 수 없을 것이다. **맞지 않는 옷을 입다 보면 몸이 괴롭고 옷이 망가지는 것처럼, 만들어진 매력은 장기전이 어렵다.**

스스로 납득할 수 있는 매력을 찾아야 한다. 기획된 매력이 아닌 자기만의 색깔로 오랫동안 사랑받는 사람들을 보면 자신의 철학과 신념이 있다. 신념이 바탕이 되었을 때 흔들리지 않는 나만의 매력이 확고해지는 것이다. 링컨의 명언을 패러디하자면 나의, 나에 의한, 나를 위한 매력을 발전시키는 것이 중요하다.

우리가 나 자신에게 집중하고 알아보는 시간은 얼마나 될까. 관심이 생긴 타인에 대해서는 온종일 고민할 정도로 몰두하지만 나는 나에 대해서 치열하게 생각한 적이 많지 않았다. 그래서 다른 사람에게 들이는 시간만큼 나에게도 시간을 들여서 나라는 사람을 알아야겠다고 생각했다. 사실 나에 대해 고민했던 순간이 없던 것은 아니었다. 대학입시 준비나 취업하기 위해 자기소개서를 쓸 때 성격의 장단점, 인생에서 가장 어려웠던 일 같은 질문이 주어지면 그제야 무심했던 나의 행적에 대해 돌아봤다. 그리고 그때마다 뒤늦게 후회했다. 인생에서 에피소드가 없지 않은데 작은 거라도 기록해 둘걸. 평소 나에 대해 생각해봤더라면 억지로 머리를 짜내지 않아도 되었을 텐데 말이다.

하루의 과업을 해결하기 바쁜 삶에서 잠깐이라도 시간을 내어 자신을 돌아보는 사람과 그렇지 못한 사람은 다를 수밖에 없을 것이다. 그래서 나는 **자신의 매력을 찾고 싶다면 타인의 시선이 아닌, 스스로 매력적으로 느끼는 모습부터 발견해야 한다**고 생각한다.

이를 위해 나를 제대로 알아볼 수 있는 다섯 가지 질문을 준비했다. PD로 일했을 때, 수백 명의 출연자에게 각각

4장. 독보적 매력을 갖춘다

걸맞은 프로그램을 기획하는 과정에서 도움이 되었던 방법이다. 이후 진행자로서 나의 캐릭터를 만들어갔을 때도 내 특징과 매력을 끌어내기 위해 고민한 질문이기도 하다. 자신에게 좋은 질문을 해보는 것은 사람을 성장하게 만들고 생각하게 하므로 나에 대해 알고 싶다면 활용해 보기를 권한다.

## 1. 나는 몇 시의 DJ에 어울리는 사람인가?

느긋하고 점잖은 성격이라면 차분하고 느린 말투를 사용하고, 에너지가 넘치고 밝은 성격이 경쾌한 말투를 쓰는 것처럼 목소리 톤과 말투에는 고유의 캐릭터가 묻어난다. 나의 매력을 찾기 위한 질문으로 제일 먼저 '나는 몇 시의 DJ에 어울릴까?'를 꼽은 이유다. 라디오는 시간대별로 진행자나 프로그램의 분위기가 다르다. 내가 DJ라면 몇 시의 라디오에 어울리는가를 생각해 보는 것만으로도 성격과 이미지를 어렴풋이 파악할 수 있다.

예전에 아침 9시 라디오를 진행한 적이 있었다. 그때 내 목소리를 객관적으로 들으며 나는 아침이 아니라 저녁 9시에 맞는 사람이라고 느꼈다. 활력을 전해야 하는 아침 시간대에 허스키한 중저음 목소리, 느긋한 말투는 어울리지 않았던 것이다. 아침마다 억지로 톤과 분위기를 끌어올리던 나를 지켜본 작가님의 제안을 받고, 아침 방송에서 물러나 저녁 시간대의 프로그램을 맡게 되었다. 차분한 어조로 진행할 수 있어서 마음이 편했고, 나와 맞는 옷을 입으니 자신감도 붙었다.

목소리만으로 어떻게 스스로를 다 알 수 있을까 싶겠지만 **목소리는 생각보다 캐릭터에 대해 많은 것을 담고 있다.** 하루를 여는 아침에는 밝고 경쾌한 캐릭터가 어울린다. 나른한 오후 시간대는 유쾌하고 개성 넘치며 빠릿빠릿한 예능형 진행자들이 주를 이룬다. 저녁이 될수록 점점 차분해지며 늦은 밤과 새벽에는 편안하고 느린 말투를 가진 진행자가 많다. 당신은 몇 시에 어울리는 사람인가?

## 2. 나는 스페셜리스트인가, 제너럴리스트인가?

튀지 않아도 조용하게 존재감을 드러내며 인기를 끄는 사람들이 있다. 이들에게는 주로 두 가지 특징이 있다. 스페

4장. 독보적 매력을 갖춘다

셜리스트 혹은 제너럴리스트라는 것이다. 스페셜리스트는 한 분야에 특출난 지식이나 재능이 있는 전문가로, 압도적인 전문성을 자랑한다. 제너럴리스트는 여러 분야에 대해 보편적인 지식을 가진, 소위 아는 게 많은 사람이다.

두 유형 모두 대화를 나눌수록 매력이 발휘되어 호감을 준다. 내가 어떤 쪽에 가깝고 어떤 사람이 되고 싶은지 고민해 보면 매력을 살릴 힌트를 얻을 수 있다. 한 분야를 깊게 파는 덕후 기질이 있다면 스페셜리스트 유형일 것이다. 반면 다방면으로 관심을 가지고 최신 트렌드를 두루 섭렵하거나 잡지식이 많다면 제너럴리스트 기질을 가졌다고 할 수 있다.

가능한 자신의 직업과 일이 아닌 분야에서 내가 어떤 유형인지 파악하는 것이 좋다. 보통 사회생활을 하며 한 가지 직업을 갖게 되거나 같은 분야의 일을 지속하는 경우가 많으니 일에 있어서는 스페셜리스트에 가깝기 때문이다. 이미 가진 전문성을 돌아보는 것도 좋지만 그보다는 일이 아닌 분야에서 찾아보자.

방송 일을 했던 내 주변에는 제너럴리스트가 많았다. 대중적인 콘텐츠를 만들기 때문에 다양한 분야에 대해 얕게라도 알고 있는 사람이 대다수였다. PD 입사 시험에 시사 상식 테스트가 있는 것도 이런 특성과 무관하지 않다.

하지만 스페셜리스트, 제너럴리스트라고 해서 다 매력적이라는 것은 아니다. 전문적이지만 타인의 이야기를 듣지 않고 자기 얘기만 고집한다면, 지식이 얕은데 아는 척만 하는 수준이라면 호감은커녕 대화가 길게 이어지기 힘들 테니까.

### 3. 롤 모델이 누구인가?

롤 모델은 자신이 추구하는 가치나 삶의 목표를 반영한다. 내가 동경하는 사람들은 나이가 들수록 빛나는 어른들이다. 느리지만 꾸준한 것, 삶의 모든 경험을 자산으로 삼아 성장하는 삶에 가치를 두는 나의 성향이 반영된 것이다. 반짝 빛나고 사라지는 별똥별보다 항상 떠 있고 늘 같은 자리에서 빛나는 달 같은 사람이 되고 싶다.

'희렌최'를 만든 것도 이런 이유에서다. 앞서 말했듯 희렌최는 나의 페르소나 중 가장 정제되고 차분하며 성장 지향적이다. 유튜브에서 희렌최라는 이름으로 활동하면서부터 추구하는 가치에 부합하는 삶을 살기 위해 노력하고 있다. 앞뒤가 다른 사람이 되지 않기 위해, 사람들에게 전하는 다양한 콘텐츠를 직접 삶으로 증명하기 위해 긍정적으로 살게 된다.

10년 뒤에도 유튜브가 건재할지는 미지수다. 하지만 인생의 롤 모델에게 영향을 받아서 만든 페르소나는 내가 어느 환경에 처해 있든 목표하는 삶에 다가가는 데 도움을 줄 거라고 믿는다. **어떤 사람을 멋지다고 느끼는지, 어떤 사람을 닮고 싶어 하는지 스스로 물어보자. 나아가야 할 방향, 키워내야 할 분야가 선명히 보인다.** 현존하는 인물이 아니어도 좋고, 완벽한 사람이 아니어도 된다. 그저 닮고 싶은 모습을 상상해 보는 것도 좋다. 중요한 점은 내가 진심으로 원하는 모습을 인지하는 것이다.

## 4. 단점은 무엇인가?

앞서 1장에서 자신의 단점을 매력으로 발휘해 보자고 말했다. 그러려면 나를 낱낱이 파헤치는 작업이 필요하다. 피하고 싶고 뼈아플 수도 있지만, 이 과정에서 매력을 찾을 여지가 있다. 물론 단점을 매력의 재료로 삼으려면 타인에게 피해가 가지 않는 방향이어야 할 것이다. 나에게만 좋고 타인에게 불편하다면 매력 어필이 어렵다. 아래 예시처럼 내가 이미 알고 있거나 타인에게 들어본 단점을 나열하고, 어떤 단어로 바꿀 수 있을지 생각해 보자.

느리다 → 우아하다

예민하다 → 세심하다

즉흥적이다 → 실행력이 있다

[          ] → [                    ]

## 5. 형용사와 동사로 나를 어떻게 표현할 수 있는가?

누군가의 매력을 설명해 보라고 하면 대개 '똑똑한, 웃긴, 당당한' 같이 형용사로 표현하곤 한다. 나에게도 적용해 볼 수 있는 좋은 방법이다. 말이 씨가 된다는 말처럼 **언어는 무의식 속에 강하게 자리 잡기 때문에 나를 정의해 보는 것만으로도 매력을 찾을 수 있다.** 예전의 나는 나를 따뜻한 사람이라고 정의했다. 따뜻하다고 생각하면 그

4장. 독보적 매력을 갖춘다

렇게 살기 위해 노력하고 싶어질 것 같아서 그랬다. 아주 작은 특성이라도 써보자. 나를 수식하는 과정 자체가 나를 알아가는 데 의미가 있다.

다음은 동사로 표현할 차례다. 동사는 형용사보다 쉽다. 자주 하는 행동이나 좋아하는 행동으로 나를 묘사해 보자. '말한다, 산책한다, 생각한다, 쓴다, 웃는다, 듣는다, 마신다, 키운다, 자란다' 등 무궁무진할 것이다. 이렇게 정리한 동사와 형용사를 결합하는 것도 재미있는 발견이 된다. '나는 사려 깊게 말한다. 나는 웃기게 웃는다. 나는 따뜻하게 생각한다. 나는 지혜롭게 듣는다.' 모두 나를 표현하는 문장이 된다. 이런 과정에서 매력을 찾는 즐거움이 생긴다.

## 내 매력을 발견하는 다섯 가지 질문

Q. 나는 몇 시의 DJ가 어울리는 사람인가?(목소리 톤과 말투는 그 사람의 캐릭터를 단적으로 드러낸다. 나는 어느 시간대의 라디오에 어울리는 사람인가?)

Q. 나는 스페셜리스트형인가, 제너럴리스트형인가?(한 우물만 파는 사람인가, 두루두루 많이 알고 싶어 하는 사람인가?)

Q. 롤 모델은 누구인가?

Q. 다른 사람이 말하는 나의 단점은?

Q. 나를 형용사와 동사로 표현해 본다면?

✦ ✦ ✦

# 나만의 장르를
# 만드세요

나는 여전히 좋은 것도, 하고 싶은 것도 많아서 가끔 오해를 산다. 싫다는 표현보다 좋다고 말하는 긍정은 자주 해도 괜찮다고 믿으며 해왔던 말 습관 때문이었다.

"너는 다 좋다고 하더라?"

그런데 과유불급이라고 했던가. 아무리 좋은 말도 자주 하게 되면 진정성이 퇴색되어 보일 수 있다는 사실을 간과했다. 줏대 없는 사람 같이 보일 수 있었다. 스스로 확고한 취향이 있다고 여겼는데 다른 사람이 보기엔 아무거나 좋아하는 것처럼 느껴지는 건 무엇 때문일까? 정말 나의 얕은 마음이었을까, 듣는 사람의 오해였을까? 그러다 문득 **취향의 깊이에 따라 호감의 정도가 달라질 수 있다**는 생각이 들었다. 일관된 취향이 그 사람만의 장르가 되고 매력으로 비칠 수 있는 것이다. 그래서 나는 자기 취향이 뭔지, 얼마나 좋아하는지 파악하는 시간을 가져보는 게 도움이 되겠다 싶었다. 내가 취향을 확고히 하는 데 고민한 방법들을 소개한다.

## 1. 진심의 깊이를 파악한다

• 빈도

대상을 위해 얼마나 자주 시간을 들이는가?

언제부터 좋아했는가?

• 노력

나는 대상에 대해 어디까지 알고 있는가?

사람들이 흔히 아는 정보 외에 어떤 것을 알고 있는가?

• 희생

대상에게 기꺼이 시간과 돈을 쓸 수 있는가?

대체제가 있을 때도 선택할 것인가?

무언가를 사랑할 때는 자주 보고 싶고 노력하고 싶어진다. 어려움이 있어도 나를 희생하고자 하는 마음이 커진다. 자세하게 목록화하니 나의 취향이 뚜렷하게 보였다. 얕게 좋아하는 것은 많아도 몰입할 만큼 사랑한 것은 소수였다. 쉽게 말해 썸 타는 관계가 많았다. 어느 정도 호감이 있고 상대를 알아보면서 내 마음도 확인하는 단계였다. 아직 썸인 관계를 오랫동안 만난 연인처럼 소개하고 있었던 것이다. 너무 많은 긍정이 진심을 얕게 보이게 했지만 그렇다고 좋아하는 것을 안 좋아하는 척할 수도 없지 않은가. 그래서 나는 취향을 뾰족하게 만들기로 했다.

## 2. 덕후처럼 파고들어 본다

자신이 아는 것과 모르는 것을 정확하고 객관적으로 구분하는 능력인 메타인지는 학습에 적용될 뿐만 아니라 취향을 또렷하게 하는 데도 도움이 된다. 소위 덕후라면 덕질하는 대상에 대해 A부터 Z까지 막힘없이 읊을 정도로 많이 안다. 확고한 취향을 갖고 싶지만 잘 알지 못하는 단계라면, 덕후처럼 지식을 갖춰보려는 마음이 중요하다. 잘 안다고 자신할 정도로 자세히 파고들어 보자. 구체적으로 알수록 호불호도 명확해지니 진정한 취향을 발견할 수 있다.

**우리가 가진 지식은 대부분 체험적 지식이다. 여기에 이론적 지식을 더해보자.** 와인을 예로 든다면 '드라이하면서 과실 향이 풍부한 와인을 좋아한다'처럼 직접 겪은 일을 바탕으로 한 것은 경험적 지식이다. 하지만 경험은 일부러 기억하지 않으면 흩어져버리기도 한다. 경험을 경험에서만 끝나게 하지 않으려면 좀 더 공부하고 탐구해야 한다. 드라이하고 과실 향이 강한 와인은 어떤 포도 품종이며 어느 지역에서 주로 생산되는지 등을 알아두면 나의 와인 입맛이 이탈리아 스타일인지, 프랑스인지, 미국인지 구분할 수 있다. 그럼 와인 코너에 가서 누군가의 추천 없이 좋아하는 와인을 직접 찾기 쉬워진다. 타인에 대한 의존도가 낮아질수록 취향이 확고해지고, 이는 나만의 색깔이 된다.

4장. 독보적 매력을 갖춘다

## 3. 좋아하는 것을 쉽게 설명할 수 있어야 한다

나는 향수를 좋아한다. 향기 덕후로 20년 넘게 살아왔다고 자부했다. 그런데 어느 날, 새로운 향수를 사기 위해 갔던 매장에서 머리가 하얘지는 경험을 했다. 어떤 향을 좋아하냐고 묻는 점원에게 속 시원한 답을 내놓지 못했다. 자주 가던 향수 브랜드에서는 기존에 썼던 제품명을 대며 이런 향을 좋아한다고 말했다. 새로운 브랜드에서는 써본 향이 없으니, 구체적인 향 이름을 생각하느라 진땀을 뺐고 제대로 설명하지도 못했다. 시트러스 계열의 향을 좋아한다고 이야기해서 여러 향수를 맡아봤지만, 시향을 할수록 내가 시트러스를 좋아하는 게 맞는지 의구심만 들었다. 결국 마음에 드는 향수를 고르지 못하고 돌아와야 했다.

**제대로 설명하지 못하면 내 것이 될 수 없다**는 것을 그때 알았다. 좋아하는 것을 나의 특징으로 만들려면 확실하게 설명할 줄 알아야 한다.《말의 트렌드》를 쓴 정유라 작가는 이를 '표현의 해상도를 높이는 일'이라고 말했다. 좋아하는 것에 대해 정확하게 말하며 표현의 해상도를 높이는 일은 결국 취향의 해상도를 높인다.

이젠 내가 좋아하는 마른 장미와 연필심이 섞인 듯한
풀 향의 정체를 말할 수 있게 되었다. 나는 클로브, 즉 정향
의 향에 끌린다. 과즙이 터진 듯한 시트러스보다 잎 차에서
나오는 차분하고 정제된 꽃향기가 내가 원하는 향이다. 이
렇게 단어로 정의하게 되면서 스스로 오해했던 취향에 대
해서도 명확해졌다.

## 4. 좋아하는 것을 취한다

언제나 취해 있어야 한다. 모든 것이 거기에 있다. 그것이
유일한 문제다. 그대의 어깨를 짓누르고, 땅을 향해 그대
몸을 구부러뜨리는 저 **시간**의 무서운 짐을 느끼지 않으
려면, 쉴새없이 취해야 한다.
그러나 무엇에? 술에, 시에 혹은 미덕에, 무엇에나 그대
좋을 대로. 아무튼 취하라.
  – 샤를 보들레르, 황현산 옮김, 〈취하라〉, 《파리의 우울》,
                                          문학동네

취향이 매력이 되는 가장 확실한 길은 그것을 취(取)하

고, 그것에 취(醉)하는 것이다. 자주 손이 가서 취하게 되는 물건들과 마음에 드는 것에 흠뻑 빠지는 취함이 어우러질 때 취향은 자연스레 몸에 밴다. 내가 나이 드는 게 기대되는 이유도 쌓인 경험이 취향이 되고 나의 오라를 만들어주기 때문이다. 그래서 내게 주어진 시간을 잘 쓰고 싶다.

스무 살이 되기 전, 다이어리에 〈취하라〉의 구절을 적어두었다. 청춘을 제대로 즐기려면 좋아하는 것들에 취해있어야 하지 않을까 싶었다. 30대 후반을 달리는 지금도 그 마음은 변함없다. **진지한 일투성이인 어른의 삶에서 좋아하는 걸 취하는 시간은 살아가는 이유를 상기하게 한다.** 그럼에도 문득 세월의 중압감이나 불안함이 엄습할 때면 취향의 고향으로 돌아가 본다. 학창 시절 심장을 두근거리게 했던 음악을 듣거나 여행지에서 구입한 향수의 향을 맡으며 그때의 행복한 추억을 떠올리거나, 마음의 안정을 가져다주는 단골 식당에 가서 식사한다. 작은 선택이 모여 지금의 나를 만들었다는 사실을 상기하며 앞으로도 잘살아봐야겠다고 다짐한다.

아직 뚜렷한 취향을 찾지 못했다면 자신의 패턴을 살펴

호감의 시작

보자. 쉽게 질린다면 취향이 아니고 질리지 않는다면 취향이다. 가도 가도 질리지 않는 장소, 언제 입어도 마음에 드는 옷, 누가 뭐래도 반복해서 취하게 되는 것들까지 나열하다 보면 내게도 취향이 있다는 걸 느낄 수 있다. 그럼 이제 그것에 취해볼 차례다. **경험과 취향이 만날 때, 나라는 매력과 장르가 탄생하니까.**

**센스 노트**  좋아하는 것을
나만의 장르로 만드는 법

---

**· 진심의 깊이를 파악한다.**

대상을 위해 얼마나 자주 시간을 들이는가?

언제부터 좋아했는가?

나는 대상에 대해 어디까지 알고 있는가?

사람들이 흔히 아는 정보 외에 어떤 것을 알고 있는가?

대상에게 기꺼이 시간과 돈을 쓸 수 있는가?

대체제가 있을 때도 선택할 것인가?


이 질문에 선뜻 답할 줄 아는 것이 진정으로 좋아하는 것이다.


**· 경험과 이론적 지식을 모두 갖춘다.**

경험에서 끝나지 않고 이론적 지식을 쌓아 전문성까지 갖출 때 내 색깔이 생긴다.

★ ★ ★

# 예쁘게
# 말하고 싶다면

라디오 PD와 DJ 일을 병행하던 때 나는 말 한마디로 사람들을 사로잡아야 했다. 오직 목소리와 말솜씨로만 승부해야 했기에 매력적인 말투가 최대의 고민거리였다. '내 마음을 꺼내서 보여줄 수만 있다면 얼마나 좋을까.' 처음엔 얼굴을 드러내지 않는 환경이 부담스럽지 않아서 좋았는데 전달력에 있어서는 제약이 있었다. 방송 의도를 말로만 전해야 해서 한계가 느껴졌다. 지지부진한 상황이 답답해 이대로는 안 되겠다 싶어서 다른 방송의 DJ들을 모니터했다.

당시 회사에서 집까지는 왕복 120km 거리였다. 긴 출퇴근 시간을 이용해 나도 청취자가 되어 주파수를 옮겨가면서 매력적으로 느껴지는 진행자들을 찾았다. 재미있는 방송을 고정 청취하며 DJ에게 어떤 매력이 있는지, 방송의 어떤 부분이 좋은지 벤치마킹하려고 했다. 그렇게 찾은 롤모델이 3명이었다. 라디오 PD이자 시사 프로그램 진행자인 김현정 앵커, 학창 시절부터 애청했던 〈스위트 뮤직박스〉의 정지영 아나운서, 〈그대와 여는 아침〉을 진행하는 김용신 아나운서다.

각자의 매력을 지닌 진행 선배님들에게 많은 노하우를 얻었다. 말투와 진행 속도 같은 스피치의 기본기는 물론이고, 말에 마음을 담고 자신만의 주특기로 사람들을 매료시키는 방법들이었다. 목소리 하나로 청취자를 쥐락펴락하며 오랜 시간 소통한 그들의 말을 들으며 저절로 내 부족한 점을 깨달았다. 그리고 그들을 따라 멘트를 연습했다. 김현정 앵커에게는 필요한 질문을 적절한 타이밍에 정확하게 하는 능력을, 정지영 아나운서에게는 해야 하는 말을 하면서 청취자의 마음을 녹이는 방법을, 김용신 아나운서에게는 따뜻하고 사랑스럽게 에너지를 전하는 화법을 배웠다.

1년의 세월이 흐르자 변화가 생겼다. 내가 하는 말에 이

호감의 시작

전에 없던 영향력이 생긴 것이다. 결정적인 순간이나 나를 어필해야 하는 상황에서 내가 하는 말이 먹히기 시작하며 성취가 쌓였다. 방송 진행은 물론이고 프리젠테이션이나 기획안을 통과시켜야 할 때, 면접을 보는 상황에서도 의도를 곡해 없이 전달하게 되었다. 그때부터 '말'이 나를 드러내 주는 창구가 되었고 **속마음이나 장점을 드러내는 좋은 방법이 말이라는 사실**을 믿게 되었다.

이때의 경험을 기반으로 삼아 '매력적으로 말하는 3가지 방법'이라는 콘텐츠를 만들어 올렸다. 영상은 알고리즘을 타서 이젠 250만 뷰가 넘었다. 이 사실만으로도 매력과 말의 긴밀한 상관관계를 증명할 수 있다. 영상에서 소개한 호감형 말투는 내게도 도움이 되었던 방법이자 프로그램을 만들며 수없이 고민한 부분이었기에 한 번쯤 활용해 보면 좋겠다.

## 1. 신선한 어휘를 쓴다

누군가의 말이 오랫동안 기억에 남는 이유에는 크게 두 가지가 있다. 진심이 담기거나 특별한 표현을 썼을 때다. 우리는 대부분 흔한 단어, 흔한 표현을 쓴다. 이를 신선한 말로 대체하면 뇌리에 남는 동시에 그 사람에 대한 인상을 다시 보게 한다. 특히 평소에 잘 사용하지 않는 단어들을 새롭게 조합해 표현하면 말의 느낌을 살리고 상대에게 각인시킬 수 있다.

"나는 장난스러운 빵이 좋아."

가수 아이유가 던진 이 말은 지금도 감탄하게 되는 표현이다. 빵에 대한 나름의 철학으로 음식 맛이 많이 느껴지는 빵은 진지한 맛이 나는 빵, 크림이 가득 들어 있는 빵을 장난스러운 빵이라고 한 것이다. 사람에게 쓸 법한 '장난스럽다'라는 단어를 빵에 붙이다니. 평소 다독하며 작사가이기도 한 그녀의 재능이 드러난 대답이었다.

신선한 단어 조합뿐만 아니라 재치 있는 단어도 유머러스한 매력을 부여한다. 입담이 좋기로 유명한 장항준 감독의 말을 들으면 자주 메모장을 열게 된다. 그는 어느 날 라디오에 출연해 드라마 〈마스크 걸〉로 화제가 된 배우 안재홍에 관해 이야기하다가 청취자들의 웃음을 자아냈다.

호감의 시작

"안재홍 씨가 무척 예의 바르다. 우리 영화〈리바운드〉찍을 때 '제가 이러저러해서 마스크 걸 때문에 잠깐 갔다 와야 할 것 같습니다'라고 하더라. 근데 나중에 드라마를 보고 깜짝 놀랐다. 우리 현장을 떠나서 그렇게 음탕한 짓을 하고 올지 상상도 못했다."

드라마를 본 사람이라면 박장대소할 수밖에 없는 말이었다. 당시 안재홍이 맡았던 역할은 주인공을 스토킹하는 소위 오타쿠 역할이었다. 장항준 감독이 말한 '음탕한 짓'이라는 표현에 걸맞은 행동을 일삼는 캐릭터다. 여기서 핵심은 평소 잘 쓰지 않는 '음탕한'이라는 표현이었다. 머릿속에서 잊고 있던 단어를 적재적소에 유쾌하게 꺼내는 사람들에겐 재밌고 지적인 매력이 풍겨 나온다.

## 2. 모호한 표현은 지양한다

**구체적인 표현은 진정성이 느껴지는 효과적인 화법이다.** 추상적이거나 모호하면 핵심이 무엇이었는지 명확하게 알 수 없어 매력적이지 않다. 반대로 구체적이거나 직

4장. 독보적 매력을 갖춘다

접적일수록 인상 깊게 남는다.

라디오를 진행할 당시 나는 이 문제가 제일 고민이었다. 매력적이지도 않고 유익하거나 재미있지 않은 말들로 방송 시간을 채우는 게 주파수 낭비 같았다. 그때부터 좋은 표현을 조합하고 수집하게 되었다. 그리고 무의식적으로 쓰게 되는 '너무', '진짜' 같은 부사는 자제하려고 했다. "이 노래 너무 좋지 않아요?" 대신 "이 노래를 들으니 심장이 뛰는 것 같지 않아요?"라는 식으로 느끼는 바를 있는 그대로 말하면서 표현을 다양하게 하려고 노력했다.

때로는 청취자에게서 배우기도 했다. 사연과 문자를 채택해 읽어주는 입장에 있으니 아무래도 눈에 들어오는 메시지가 있기 마련이었다. 문자가 오자마자 바로 소개하고 싶게 만드는 말투 중 하나가 구체적으로 상황을 그리는 것이었다. 예를 들어, "노래가 나오는데 저희 원장님이 갑자기 오! 하시네요. 선곡이 좋다고 하시면서 다 같이 틀어놓고 듣고 있어요." 같은 메시지다.

상황을 구체적으로 묘사하는 말에는 상상하게 만드는 힘이 있다. 문자를 받은 순간 나는 원장님과 직원들이 있는

호감의 시작

병원으로 순간이동을 했다. 상황을 그리듯 말하는 것은 듣는 이가 공감하고 몰입하게 만든다. 단순하게 "노래가 너무 좋아요"라고 말했다면 아쉽게도 스쳐 지나가고 말았을 것이다. 8년이 지난 일이지만 아직도 기억나는 것을 보면 구체적인 표현의 힘이 강하다는 것을 체감한다.

말로 진심을 전하고 싶은 순간이 되면 구체적인 표현하는 데에 공들여보자. 상황 묘사도 좋고, 추상적이고 흔한 말을 구체적으로 대체하는 것도 좋다. 약간의 시간만 들이면 한 마디로도 상대의 마음을 얻을 수 있지도 모른다.

## 3. 부정적인 표현은 바꿔 말한다

화법을 공부하고 커뮤니케이션 전문가로도 일하게 된 후로 가까운 사람들에게 종종 '예쁘게 말한다'라는 얘기를 듣곤 한다. 사실 말투에 신경 쓰게 된 것은 예전부터였다. 생방송을 진행할 때 한 번의 실수가 꼬리표가 될까 봐 신중히 말하려고 했고, 직장에서 말 한 마디에 민감한 사람들을 만나며 꼬투리를 잡히기 싫어서 어휘 선택에 힘썼다.

배려하는 말투를 쓰려고 노력하면서부터 뜻밖에 인간

관계가 확장되는 경험을 했다. 일상에서 스쳐 지나갈 법한 사람들과 인연이 되고 교류를 하는 일이 생겼다. 동네 주민이나 종종 가는 카페 사장님과 인사를 나누고 친분을 맺으며 또 한 번 표현의 소중함을 느꼈다.

타인에게 실례가 되거나 상처가 될 수 있는 말, 차별적인 말을 거르는 것은 내게도 좋은 일이다. 말실수를 하고 나면 내내 마음이 불편한 것처럼, 반대로 떳떳하고 예쁜 표현을 쓰면 그렇게 살려고 나를 성장시키기 때문이다. 그런 마음으로 나는 이 두 가지는 꼭 지키려고 한다.

**긍정적인 어휘로 바꾼다.**
**상대의 입장을 헤아리는 단어를 선택한다.**

말이 아 다르고 어 다르듯이, 같은 뜻이라도 부정적인 뉘앙스를 빼고 말해보자. 본의 아니게 말실수가 잦은 사람은 부정적인 느낌을 주는 단어를 쓰곤 한다. 반대로 같은 말도 다정하게 하는 사람은 긍정적인 어휘를 사용한다. 다음 예시를 보자.

호감의 시작

"교수님, 강의가 좀 **어려운데** 혹시 다시 설명해 주실 수 있나요?"

　→"교수님, 강의가 저에겐 **전문적으로 느껴지는데** 혹시 다시 설명해 주실 수 있나요?"

　비슷한 말이지만 상대의 입장을 헤아려서 표현하면 배려가 느껴진다. 그런 의미에서 매력적인 말투에 있어 가장 중요한 것은 마음이 아닐까 싶다. 그러니 건강한 마인드로 생각해 보자. 마음을 쓰는 만큼 매력적으로 말하는 사람으로 거듭날 것이다.

**희렌최널 유튜브**
매력적으로 말하는 구체적인 방법 3가지

**희렌최널 유튜브**
같은 말도 호감 가게 하는 법

4장. 독보적 매력을 갖춘다

# 센스 노트 : 호감을 주는 매력적인 말투 장착하는 법

· **신선한 어휘를 쓴다.**

가수 아이유의 '장난스러운 빵이 좋아'처럼 기존의 단어를 조합해 신선한 표현을 쓰거나, 이미 알고 있지만 잘 쓰지 않는 단어를 적재적소에 유머 있게 쓰면 인상 깊은 말투가 된다.

· **모호한 표현을 쓰지 않는다.**

얼버무리는 말투는 매력적이지 않다. 같은 말도 구체적으로 표현하면 진정성이 느껴진다.

· **부정적인 단어를 긍정적으로 바꾼다.**

예쁘게 말하는 것은 생각보다 쉽다. 부정적인 단어를 긍정적인 뉘앙스로 바꾸면 된다. 비슷한 말이어도 상대를 배려하는 것처럼 느껴져 호감을 줄 수 있다.

★ ★ ★

# 남다른 매력은
# 안목에 있다

여행 중 우연히 골동품을 파는 벼룩시장에 들른 적이 있다. 구경하다가 물건의 가격을 보고 흠칫했다. 아니, 이걸 왜 이 가격을 주고 산단 말인가. 가치를 알지 못하니 모두 처분 직전의 물건들로 보였다. 볼 게 없다며 그냥 지나친 걸 후회했던 것은 몇 년 뒤였다. 오래된 찻잔을 모으는 취미가 생기면서 빈티지의 진가를 알게 되었기 때문이다. 어쩌면 과거의 내가 지나친 찻잔은 구하기 힘든 귀한 물건이었을지도 모른다.

안목은 그런 것이다. 넘쳐나는 물건과 정보 사이에서 가

4장. 독보적 매력을 갖춘다

치 있는 것을 고르고 적절히 활용할 줄 아는 식견이다. **안목이 뛰어나다는 것은 최선, 또는 최고를 선택하는 눈을 가졌다는 뜻**이기 때문에 요즘 같은 시대에 더욱 매력적으로 느껴지는 능력이다.

나는 안목이 뛰어난 사람을 만나면 탐이 난다. 상대의 안목에 감탄하고 나면 그가 하는 모든 행동과 선택이 좋아 보이는 마법에 걸린다. 대상에 대한 경험과 애정, 분별하는 힘까지 고루 갖췄기 때문에 내겐 믿고 보는 사람이 되는 것이다. 어떤 환경에서 어떤 선택을 하고 살아왔기에 보물을 발견하는 힘이 있는 걸까 궁금해진다. 배우고 싶고, 닮고 싶으면서 함께하고 싶은 매력이 있다.

그래서 매력을 살리고 싶다면 안목을 키워보길 권한다. 다만 안목은 단기간에 생기는 것이 아니다. 꾸준하게 관심을 두고 좋아하는 것에 대해 더 깊게 파고들고, 내 것으로 만드는 재미를 느낄 때 어느 순간 안목이 생긴다. 취향이 만들어지는 과정과 비슷하다. 그렇게 쌓인 안목은 인생을 다채롭게 만들어주면서 타인을 사로잡는 호감의 요소가 된다.

호감의 시작

## 1. 문화적 안목을 높이는 뿌리 찾기

조심스럽지만 나름 안목을 지녔다고 자부할 수 있는 분야가 있는데, 바로 음악이다. 자신감을 만들어준 건 10대 때 애청했던 라디오 〈고스트 스테이션〉의 DJ 신해철 덕분이었다. 새벽 2시라는 방송 시간대에 걸출한 가수가 진행하는 프로그램답게 평소 듣기 어려운 장르의 선곡들로 신세계를 경험했다. 종종 음악에 대한 기초 지식도 알려줘서 음악을 찾아 듣는 법도 배웠다. 마음에 드는 노래가 있으면 그것만 듣는 게 아니라 앨범을 통째로 찾아 듣고 장르의 뿌리를 거슬러 올라가서 들어보았다. 해당 뮤지션의 영향을 받은 또 다른 뮤지션이 있다면 그 음악도 찾아보며 어느새 많은 노래를 듣게 되었다. 당시 온라인 강의를 듣기 위해 샀던 PMP에는 강의보다 음악 파일이 더 많았고 공부는 뒷전이라 재수 생활을 하게 됐지만 후회는 없다. 대신 음악에 대한 나만의 라이브러리를 쌓으며 다양한 문화를 접할 수 있었으니까. 그런 덕력으로 훗날 라디오 PD가 되었을 때 음악을 선곡하는 데도 큰 어려움이 없었고 신입 시절부터 선배들과 프로그램 이야기를 할 때도 수월했다.

뿌리를 찾는 연습은 문화를 소비하는 것을 넘어 사랑하는 법을 알게 된 시작이 되었다. 음악을 사랑하고 듣고 파헤쳤던 것처럼 대학교에서 영화를 공부할 때도 좋아하는 감독의 연출작을 모두 섭렵하고 그에게 영감을 준 미술이나 예술, 사상에 대해 알아가는 일이 자연스러워졌다.

안목은 무엇보다 진짜와 가짜를 구분하는 눈을 길러준다. 오리지널과 표절, 패러디, 오마주, 레퍼런스라는 말을 들어봤을 것이다. 이를 구별할 줄 알게 된다. 원곡을 알고나면 리메이크했을 때 오리지널과 리메이크라는 비교군이 생기고, 리메이크를 한 사람의 의도를 파악할 수 있는 것처럼 말이다. 뿌리를 알고 선택하는 사람과 그렇지 않은 사람이 문화를 받아들이고 이해하는 깊이는 같을 수 없다.

## 2. 만드는 사람의 철학에 따라 소비하기

예전에 비해 자신의 철학과 소신에 따라 물건을 소비하는 사람들이 늘고 있다는 기사를 보았다. 특히 MZ 세대는 가성비 제품보다 가격 대비 심리적 만족도가 높은 '가심비'에 따라 소비하는 경향이 커지고 있다고 한다. 환경

호감의 시작

Environment, 사회Social, 지배 구조Governance를 뜻하는 ESG 경영 여부를 따지며 ESG 우수 기업이라면 경쟁사의 동일 제품 대비 지출을 더 할 의향이 있다는 것이다.

소비자의 가치와 부합하는 기업에 기꺼이 비용을 지불하고, 소비하는 물건에 자신의 아이덴티티를 의미 부여하는 이들이 많아지면 그만큼 '착한' 기업이 늘어날 수 있는 기반이 조성된다. 나는 소비의 안목이 여기서 길러진다고 생각한다. 값싸고 대량 생산하여 공급이 넘쳐나서 버려지는 것보다, 의미를 담은 물건의 가치를 알아보는 사람들이 늘어났으면 한다. 기후 위기에 관심이 생기고 나서부터 나는 물건을 살 때 생산자의 의도를 살피게 되었다. 자주 사용하고 대체할 수 있는 물건일수록 친환경 제품을 사게 된다. 좋은 마음을 가진 생산자의 물품을 소비한다는 것은 그 기업의 철학을 지지하는 것과 같다. 소비를 통해 나의 신념과 철학을 재확인하고 지킬 수 있다.

영향력 있는 스타들의 매력에 한몫을 차지하는 것도 소비 취향이다. 어떤 제품을 광고하고 **일상에서 어떤 제품을 쓰는지가 호감도를 결정짓는다**. 일관되게 소비할수록 매력은 더 높아진다. 예를 들어 배우 안소희가 자신의 채널에서 좋은 철학을 가진 것으로 알려진 한 화장품 브랜드를 꾸준히 사용하고 있다며 소개한 적이 있었다. 그 브랜드는 철학을 확고히 하기 위해 환경 문제에 이어 취약계층에 대한 지원과 기부 등의 행보를 보이며 크게 성장했다. 제품을 소개한 안소희는 긍정적인 철학을 소비하는 이미지를 얻었으니 기업과 배우 모두에게 좋은 소비였다고 볼 수 있다.

## 3. 직접 만들며 안목을 확장하기

영화과에 다녔을 때 한 교수님께서 영화를 진정으로 사랑하는 방법은 영화를 만드는 것이라고 말씀하신 적이 있다. 졸업하고 나면 최소한 영화를 제대로 관람하는 법은 배울 것이라고 말이다. 영화와 무관한 삶을 사는 지금 돌이켜봐도 당시 교수님의 말씀은 영화뿐 아니라 삶의 전반에 적용되는 진리라는 생각이 든다. 무엇을 만들어보기 전까지, 직접 해보기 전까지는 그 분야를 진정으로 알 수 없을뿐더러 해당 분야에서 종사하는 사람들의 입장도 온전히 이해할 수 없다. 만드는 사람의 마음과 실력, 노력이 어느 정도

호감의 시작

까지 투입되어야 만족할 만한 결과가 나오는지는 해봐야 안다.

학부생 때 영화를 만들어 보고 적어도 영화에 대해선 함부로 말하지 않는 사람이 되었으며, 방송국에 입사하고 나서는 제작자들에게 어떤 어려움이 있고 어떤 과정을 거쳐 결과물이 나오는지가 보였다. 개인 미디어로 옮기고 난 뒤에는 꾸준히 신선한 콘텐츠를 만드는 동료 크리에이터들에게 존경심이 들었다.

무엇보다 생산자가 된다는 것은 사랑이 없다면 지속하기 어려운 일이다. 그렇기 때문에 직접 해봐야 나의 세계가 확장되는 것을 알 수 있다. **한 발짝 더 나아가는 안목을 기르고 싶다면 만드는 사람의 입장에 서보자.** 해봐야 보이고 직접 만들어봐야 더욱 커지는 힘. 이런 능력은 나의 인생 전체를 보는 안목이기도 하다.

## 무엇을 해도 돋보이는 안목 기르기

---

**· 문화의 뿌리를 탐구한다.**

안목이 뛰어난 사람은 대부분 다방면으로 문화에 대한 식견이 있다. 특별히 좋아하는 문화가 있다면 소비하는 것에서 그치지 않고 섭렵하는 마음으로 꾸준히 파고들어 보자.

**· 소신껏 소비한다.**

물건을 살 때 눈에 보이는 아무거나 사는 것과, 물건의 가치와 생산자의 의도를 알고 사는 것은 엄연히 다르다. 좋은 물건만 소비하는 것처럼 보이는 사람이 있다면, 자신의 철학에 따라 샀기 때문일 것이다.

**· 좋아하는 것을 직접 만들어본다.**

안목을 넓히는 심화 단계다. 무언가를 좋아한다면 내가 생산자의 입장이 되어보자. 직접 해보면 안목이 확장되는 것을 느낄 수 있다.

호감의 시작

# 상징적인 향기를
# 찾아보기

아직도 버리지 못하는 물건이 있다. 지금은 단종되었고 사용 기한도 10년 이상 지나 쓸 수 없는데도 여태껏 보관하고 있는 'Magnifique'라는 향수다. 계속 가지고 있는 이유는 '당당한, 장엄한'이라는 뜻처럼 뭐든 잘할 것 같고 패기가 넘치던 20대 시절을 떠올리게 해서다. 우디와 플로럴이 섞인 향을 처음 맡았을 때 느낀 우아하고 멋진 어른의 이미지를 상상하며 미래를 꿈꿨다. 어른이 된 지금, 그 향을 맡으면 마치 타임머신처럼 현실에 허덕이는 나를 스물한 살의 초심으로 데려다준다.

4장. 독보적 매력을 갖춘다

향은 상징적인 매력이 있다. 특정 향을 맡으면 그때의 감정이나 추억을 떠올리게 되거나 그 향수를 뿌리는 사람을 기억하게 만드는 힘을 가졌다. 내적인 매력을 넘어 다른 매력으로 호감을 주고 싶다면 자신만의 향기를 찾아볼 것을 제안하는 이유이기도 하다. **향은 우리가 의식하지 못하는 사이에 이미지가 형성되어 매력을 좌우한다.** 말로 설명하지 못하는 호감도와 매력도를 높이는 도구가 될 수 있다는 뜻이다.

일찍이 내게 시그니처 향의 중요성을 깨닫게 한 이들이 있었다. 수험생 때 뒷자리에 앉았던 친구는 연보라색 통 베이비 로션을 발랐다. 하기 싫어도 해야만 하는 공부를 이어 가던 나날에 늘 은은하게 풍겨오는 로션의 향기가 마음을 차분하게 했다. 친구의 다정한 성격과 합쳐지니 그 로션 향기를 맡을 때마다 친구가 생각났다.

또, 같은 독서실에 다니던 옆 학교 친구도 기억에 남는다. 인기가 많았던 그녀는 향기도 유명했다. 그 친구가 지나간 복도엔 라일락과 복숭아가 섞인 달콤한 향이 퍼졌다. 같은 독서실에 다니는 우리들 사이에서는 어떤 향인지 궁금

호감의 시작

해하고 물어보는 친구들이 생길 정도였다.

향기의 매력은 좋은 이미지를 만들어준다는 점에서 마케팅에서도 적극적으로 활용된다. 공간이 매력적이어야 하는 호텔, 편집숍, 레스토랑 등에서는 직접 향을 제작해 판매하기도 한다. 공간에서 특정한 향이 나면 고객이 해당 공간을 떠올리고 다시 찾게 만드는 것이다. 교보문고에서 나는 향기를 두고 '교보문고 향수'라고 이름을 붙이는 것처럼 그만큼 향은 후각을 자극해 우리 행동에 영향을 준다.

## 향은 나를 돌보는 것에서부터 시작한다

나의 향을 찾으라고 해서 비싼 향수로 치장하라는 의미는 아니다. 향은 청결과도 관련이 있기 때문에 나 자신과 주변을 먼저 정돈해 보기를 권한다. 현재 내가 머무는 공간의 상태를 보자. 매일 샤워하게 되니 보통 몸은 최소한의 청결을 유지하고 있지만 공간까지 깔끔하게 유지하기란 쉽지 않다. 예전에 한창 바쁘고 마음이 지쳤을 때 주변을 치워도 금세 지저분해지고 향이랄 게 없었다. 일을 마치고 귀가해도 집을 치울 여력이 없으니 물건은 점점 쌓이고 제대

4장. 독보적 매력을 갖춘다

로 환기할 생각도 못한 채 눕기에 바빴다. 간신히 씻고 그런 와중에 허겁지겁 향수를 뿌리고 나가는 생활이 반복되자, 나를 이루는 모든 것이 온전치 않고 몸만 겨우 건사하고 있다는 생각에 스스로가 그다지 매력적으로 느껴지지 않았다.

매력은 타인의 시선을 의식하기보다 나를 돌보는 것에서 시작된다는 것을 그때 깨달았다. 나를 재정돈하기 위해 2순위, 3순위로 미뤘던 일상을 돌보기 시작했고 자주 쓰는 공간을 정돈했다. 가장 많은 시간을 머무르는 안방, 은근히 많은 시간을 보내는 화장실, 일을 마치고 집에 돌아왔을 때 마주하는 현관을 깔끔하게 치우고 좋아하는 향을 두었다. 집에 들어와 쉬는 일이 즐거우면 마음도 점점 편안해질 것 같았다.

공간을 정리하고 나서 옷장과 서랍장에도 좋아하는 향을 두었다. 섬유에 자연스레 묻어나는 향이 심신을 안정시켜줘서, 향수를 뿌리지 않아도 은은하게 밴 향기가 일상의 만족도를 높였다. 개인적으로 추천하는 방법은 용도별로 어울리는 향을 배치하는 것이다. 머플러나 벨트처럼 사용 빈도가 적은 물건들이 있는 공간은 자주 쓰지는 않는 향을 넣는 식이다. 오랜만에 꺼낸 물건에서 평소 맡지 않았던 향기를 맡으며 기분 전환을 할 수 있다.

향수가 부담스럽다면 로션이나 핸드크림으로도 충분하다. 향수에 비해 호불호가 적고 비교적 자연스러운 향이 나면서 은근히 지속력도 길다. 코로나 팬데믹 기간에 외출이 어려워지자 나는 스스로에게도 매력적인 사람이 되기 위해 좋아하는 로션을 자주 썼다.

"어쩜 향까지 좋아."

푹 빠진 상대에 대해 이야기했던 친구의 말이 생각난다. 어쩌면 향기가 매력적인 이유는 그 사람만의 '킥'이 되어주기 때문은 아닐까 싶다. 호감이었던 사람이 향기'까지' 좋았던 경우가 많았으니 말이다. **자신에게 어울리는 향을 알 만큼 스스로에게 관심을 가지며, 보이지 않는 향을 챙기는 디테일을 가진 사람이 매력적이지 않은 게 더 어려운 일이 아닐까.**

4장. 독보적 매력을 갖춘다

# 지적인 매력을
# 키우는 법

쉽게 읽히지 않는 사람은 매력적이다. 대화를 나눌수록 그 사람에 대해 알고 싶어지듯, 알면 알수록 궁금하고 예측 불가한 사람들에게는 무언가 특별해 보이는 통찰력이 있다. 학창 시절, 라디오를 들으며 이를 처음 경험했다. 얼굴을 잘 모르는 상대에게도 호감을 가질 수 있다는 사실을 깨달았기 때문이다. 누군가에게 매력을 느끼게 만들고 결국 팬이 되게 만드는 힘은 말에 담긴 깊이와 예상치 못한 시선으로 세상을 해석하는 힘에 있었다.

**생산되는 콘텐츠가 점점 넘치는 이 시대에 통찰력**

호감의 시작

**은 더욱 중요하다. 제대로 된 정보를 선별하는 기준이나 판단력이 없으면 잘못된 정보에 호도되기 쉽다.** 매일 접하는 정보의 창구에 따라, 어떤 사람과 자주 만나느냐에 따라 우리의 세계는 확장되기도 하고 편협해지기도 한다. 우물 안 개구리로 사는 사람과 넓은 세상을 유영할 줄 아는 사람이 있다면 둘 중 누구에게 더욱 호감이 생길지는 굳이 말하지 않아도 알 것이다.

그렇기에 나는 우리가 '읽는 사람'이 되어야 한다고 생각한다. 읽지 않으면 읽힌다. 알고리즘은 지금도 우리가 어떤 관심사로 세상을 보는지, 무엇이 필요한지를 읽어내고 있다. 소셜 미디어는 나의 관심사를 확대해서 보여주고, 접하고 싶거나 듣고 싶은 정보만을 제공한다. 누군가에게 읽히면서 주는 대로 받아들이면 수동적인 태도가 습관화된다. 온라인에서 흔히 돌아다니는 뻔한 이야기만 하는 사람에겐 큰 매력을 느낄 수 없는 것처럼 쉽게 읽히는 사람에게 자신만의 개성이 드러나기란 힘들다.

나는 쉽게 읽히는 사람이 되는 것을 경계한다. 그래서 타인의 의견대로만 따라가지 않기 위해 실천하는 몇 가지 습관이 있다. 이를 꾸준히 지키면서 주체적으로 세상을 읽

4장. 독보적 매력을 갖춘다

는 눈을 키우려고 노력한다.

## 1. 생각을 기록해 둔다

사회 초년생 때 상사에게 보고하다가 그게 확실한 정보가 맞는지 출처에 관한 피드백을 받은 적이 있다. 그때부터 나는 어디선가 들은 이야기를 무심코 전하는 일을 조심하게 됐다. 부정확한 정보는 내가 전하려는 메시지의 핵심과 신뢰도를 흐리게 만든다는 것을 깨달았다. 비단 일에서만 그런 것이 아니다. 어디선가 들은 것, 누군가의 주장을 내 의견이라고 생각하며 사는 일이 많다. 단순히 의견에 동의하는 것이 아니라, 깊이 고민하지 않고 타인의 생각을 내 생각이라고 그게 맞다고 믿으며 살아가는 것이다.

생각은 정리를 해야 비로소 내 것이 된다. 주관에 맞게 다듬어질 수 있고 나아가 기록해 둔다면 내 것으로 만들 수 있다. 내가 나의 채널을 만든 계기 중 하나도 여기에 있다. PD로 일했을 때 배운 것들, 여러 직군의 사람들과 만나며 깨달은 관계의 노하우를 모아두지 않으면 머릿속에서 그냥 휘발될 것 같았다. 그렇게 붙잡아둔 생각들이 일목요연한 지식으로 쌓여 나라는 사람이 누구인지 더욱더 확실하게 만들어주었다.

요즘 자주 드는 생각이나 고민거리가 있다면 그에 대한 내 관점이 타인에게 영향을 받은 건지 온전히 내게서 비롯된 생각이 맞는지 돌이켜보자. 터놓고 대화할 수 있는 상대에게 수다를 떠는 것처럼 편하게 이야기하면서 생각을 가다듬어도 좋다. 그렇게 말로 정리되었다면 일기를 쓰거나 블로그 등에 써 본다. 귀찮아도 기록만큼 능동적으로 생각할 수 있는 도구는 없다. 지금 쓰고 있는 이 책도 그동안 틈틈이 메모장에 생각을 기록해뒀기에 완성해 나갈 수 있었다.

## 2. 텍스트를 넘어 콘텍스트까지 읽자

콘텍스트context는 맥락, 전후 상황을 의미한다. 나는 인간관계에서 콘텍스트를 자주 활용한다. 예를 들어 이해할 수 없는 말이나 행동을 하는 상대를 만났을 때 바로 감정적 대응을 하기보다 왜 그렇게 행동하게 됐는지 맥락을 알고자 한다. 콘텍스트를 통해 상대가 자라온 배경이나 그렇게 말할 수밖에 없던 이유, 당시 처한 상황의 맥락 등을 파악하고 나면 어떻게 대응해야 할지 알게 된다.

**통찰력을 기르고 싶다면 텍스트 이면의 콘텍스트까지 읽을 줄 알아야 한다.** 콘텍스트는 텍스트만 읽을 때보다 많은 에너지와 부지런함을 요한다. 배경도 파악하고, 더 많이 생각하면서 고민하는 시간이 필요하기 때문이다. 맥락을 파악하고 생각하는 연습을 습관화한다면 세상을 더 깊이 있게 볼 수 있는 이해력이 향상되고 인사이트가 생긴다. 껍데기만 읽는 사람과 그 이면까지 읽는 사람이 보는 세상은 다를 수밖에 없다. 콘텍스트를 읽는 방법에는 크게 두 가지가 있다.

① 질문할 것
② 삐딱해져 볼 것

만약 세대 간 갈등이 심해졌다는 기사를 봤다면, 그렇구나 하며 지나가는 것이 아니라 왜 심해졌을까 질문해 본다. 갈등이 정말 심각해진 것이 맞는지, 기사에서 제시한 자료가 신뢰도가 높은 자료인지, 근거는 타당한지 등 조금 삐딱해져 보자. 그럼 비판적 사고를 하고 가짜 뉴스에 흔들리지 않는 나만의 주관을 갖는 데 도움이 된다. 맥락을 알아야 질문을 하거나 반문하게 되니 이 과정에서 논리가 자연스럽게 생긴다. 그러니 어떤 현상이 일어났다면 단순한 현상으로 보지 않고 현상이 발생한 이유, 맥락을 스스로 묻고 답해보자.

나는 영상이나 기사를 볼 때 일부러 댓글을 나중에 읽는다. 댓글부터 읽다 보면 무의식적으로 편향되기 쉽기 때문에 댓글을 읽기 전 머릿속으로 내 생각을 먼저 정리한다. 습관적으로 댓글 창을 보는 대신 질문을 해보고, 삐딱해진 뒤에 사람들의 의견을 접하니 더 이상 타인의 의견대로 이끌리게 되지 않았다.

## 3. 꾸준히 읽으며 텍스트와 친해지자

읽는 행위는 운동 같은 면이 있다. 근력을 키우지 않으면 근육이 줄어드는 것처럼 읽지 않으면 어휘력이 떨어지고 생각하는 능력이 점점 예전 같지 않게 된다. **깊이 사고하는 데는 책을 읽는 것이 가장 좋다.**

책을 대체할 재미있는 콘텐츠가 많기 때문에 요즘 세상에 독서하기란 쉽지 않다. 하지만 그럼에도 여전히 책을 읽는 독자층은 존재한다. 그들은 왜 계속 독서를 할까? 나는 그 이유에 배움이 있다고 생각한다. 책은 학원이나 온라인 강의와 달리 싼값으로 타인의 삶과 지혜를 통째로 배울 수 있다. 그래서 지적인 매력을 키우고 싶다면 더더욱 책을 읽으라고 권하고 싶다.

그렇다고 의무감에 처음부터 두껍고 어려운 책을 읽을 필요는 없다. 촘촘하게 짜인 세계관이 담긴 웹소설을 보는 것도 독서고, 스마트폰으로 짬짬이 전자책을 보면 그것도 독서다. 나는 출퇴근길이나 약속 장소에서 친구를 기다리는 자투리 시간에 책을 자주 읽는다. 인터넷 사이트에서 글을 읽는 것처럼 마음에 드는 책을 골라 그때그때 흥미 있는 챕터를 먼저 읽기도 한다. 습관을 들이려고 하루 5분 독서를 시작했는데 틈틈이 읽다 보면 계획했던 시간보다 많이 읽게 된다.

꼭 책이 아니더라도 양질의 글이 모인 사이트에서 누군가의 글을 읽고 고찰하는 시간을 가져보는 것도 좋다. 논조가 마음에 드는 칼럼을 구독하기도 하고, 작가들의 플랫폼

호감의 시작

으로 알려진 '브런치'에서 관심이 가는 글을 읽는 것도 방법이다. 다양한 경로로 텍스트를 접하다 보면 읽는 부담도 사라진다. 중요한 점은 **좋은 텍스트를 꾸준히 읽는 사람에겐 사고력이 뒤따라오고, 그런 사람에게 지적인 매력과 호감을 느끼는 건 자연스러운 일이라는 것이다.** 그러니 우리는 어느 정도 활자에 중독될 필요가 있다.

**희렌최널 유튜브**
나를 바꾸는 독서를 원하는 당신을 위한 3가지 독서법

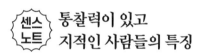

## 통찰력이 있고 지적인 사람들의 특징

**· 평소 자기 생각을 기록한다.**

주체적으로 생각하는 사람들은 평소 자신의 경험과 생각을 정리해서 기록해 둔다. 지식을 일목요연하게 정리함으로써 나의 것으로 만드는 것이다.

**· 텍스트 이면의 콘텍스트를 읽는다.**

문맥을 뜻하는 콘텍스트는 세상을 더 깊이 있게 볼 수 있는 이해력을 높인다. 통찰력이 있는 사람들은 질문을 거듭하면서 상황의 맥락을 읽고, 겉핥기식이 아닌 이면의 정보까지 파악한다.

**· 텍스트와 친하다.**

책은 타인의 삶이나 지혜를 단 한 권으로 배울 수 있다. 사고력이 뛰어난 사람들이 책을 가까이 하는 이유다. 또한, 그들은 양질의 글이 모인 플랫폼을 구독하는 등 다양한 루트로 텍스트를 읽으며 통찰력을 키운다.

# 찌질함을
# 숨기지 말 것

가끔 내 안의 찌질함이 불쑥 고개를 내미는 순간이 있다. 컨디션이 떨어지거나 일이 안 풀리면 숨겨진 불안함이 존재감을 드러낸다. 그동안의 성취가 능력 때문이 아니라 전부 운이 좋아서 얻어걸린 건 아닌가 하는 생각부터, 내가 필요 없는 사람이 되면 주변 사람들이 다 떠날 거라는 불신, 세상에 대한 소외감까지 오만가지 생각이 든다. 왜 이럴까 싶을 정도로 부정적인 생각에 사로잡힌 스스로가 마음에 들지 않는다. 그럴 때마다 나약함을 들키고 싶지 않아서 계속 부정하고 숨기지만 억압할수록 찌질한 자아는 점점

4장. 독보적 매력을 갖춘다

커지며 나를 압도했다.

한 번 마음의 늪에 빠지면 기쁜 순간은 흐릿해지고 상처받았던 과거만 튀어나와 자존감을 흔들었다. 그대로 방치하면 우울함과 무력감이 굳어질 것이었다. 이미 지나간 과거는 바꿀 수 없으니 지금의 내가 바뀌는 게 빠르다는 건 안다. 그렇다면 어떻게 나를 비꾸는 게 좋을까.

아버지의 일로 나는 전학을 자주 다녔다. 초등학생 때 세 번, 중학생 때 한 번 전학을 다니며 좋은 점도 많았지만 상처로 남은 일들도 있었다. 전학생이라는 이유만으로 따돌림을 당하거나 과하게 주목을 받았다. 체육 시간에 두 명씩 짝을 지어야 했을 때 의도적으로 나만 빼고 모두 짝이 되거나 영어 발음 때문에 소외당했던 경험은 어른이 되었을 때도 가끔 튀어나와 나를 두렵게 했다. 걱정할 필요가 없는 상황에 과거의 기억이 떠올라 심장이 거세게 뛰거나 온종일 의식하게 되는 것처럼.

나는 아픈 기억이 치유되지 못하면 트라우마로 남아 몇 십 년이 지나도 나를 괴롭힐 수 있다는 사실을 몰랐었다. 과거의 경험으로 일찍이 사람들의 심리를 이해하게 되었으니 상처가 무뎌지고 있다고 여겼고, 일할 때 콘텐츠 소스로도 활용하면서 인간관계의 노하우를 전했기 때문에 그래도 극복된 줄 알았다. 하지만 최근 한 모임에 초대받지 못했을 때 과거의 기억이 떠오름과 동시에 불편한 감정이 내내 나를 괴롭혔다. 그제야 나는 오래 전의 상처에서 벗어나지 못했다는 것을 알았다.

자기가 가장 두려워하는 것을 찾아라. 성장은 그때부터 시작된다.

– 칼 융Carl Jung

심리학자 융은 숨기고 싶은 나의 모습을 '그림자'라고 명명했고 그림자를 인정하고 직면했을 때 비로소 개인의 성장이 시작된다고 했다. **인간은 모두 자신만의 그림자를 갖고 있고, 그림자를 직면하고 함께하는 것은 빛을 내기 위해 필요한 요소라는 것이다.** 그림자에 대해 알게 되자 나는 내가 감추려고 했던 모습을 더 이상 외면하지 않아야 마음이 건강해질 수 있다는 것을 깨달았다.

예전에 영상 촬영을 위해 조명 시설을 설치할 때가 생

각났다. 시각적 아름다움을 만들 때 그림자는 큰 역할을 한다. 그림자가 없으면 인물이 평면적으로 보여 실물의 아름다움을 잘 담지 못한다. 그래서 촬영을 할 때 얼굴의 양옆, 뒤통수 등 다양한 각도에 입체적으로 조명을 세팅하는 것이다. 적절한 음영이 있어야 인물의 개성과 매력이 살아나는 것처럼 내면의 그림자와 공존할 수밖에 없다면 이를 잘 다뤄야겠다고 생각했다.

## 1. 내면을 고백할 도구를 찾아볼 것

음악 덕질을 하다가 노래를 만들어본 적이 있었다. 그런데 가사를 쓰려니 심오하고 우울한 구절만 떠올랐다. 만들고 싶은 노래는 어두운 장르가 아니었는데 이상했다. 한참 나중에야 본능적으로 내면의 그림자를 치유하려고 했던 과정이라는 것을 알았다. 평소와 다른 폭력성, 우울함, 괴팍함을 작품에 드러내는 것이 융이 말한 그림자를 건강하게 받아들이는 모습이었던 것이다.

자신의 불행을 긍정적으로 승화한 사람 중 저명한 사람이 있다. 멕시코 화가 프리다 칼로다. 그녀는 평생에 걸

처 자신의 아픔을 그림으로 그렸다. 의사를 꿈꿨지만 열여섯 살에 교통사고를 당해 하반신이 마비되어 꿈을 포기했고, 이후 그림에 재능이 있다는 것을 발견해 화가가 되었지만 여전히 고통스러운 삶을 살았다. 남편의 끝없는 외도, 불임, 30여 차례에 이르는 수술까지 한 사람이 겪은 일이라기엔 뼈아픈 삶이었다. 초현실주의 작품이라는 오해를 받을 정도로 어둡고, 때로는 신비롭기도 한 그녀의 그림은 온몸으로 겪어야 했던 현실이었다.

사람들은 나를 초현실주의자라고 생각한다. 하지만, 나는 한 번도 꿈을 그려본 적이 없다. 나는 나의 현실을 그린다.

- 프리다 칼로**Frida Kahlo**

그럼에도 칼로는 자신의 삶을 사랑했다. 프리다 칼로의 그림과 이야기들이 후대의 사람들에게 감동을 안겨주는 것은 이 때문이다. 하반신 마비로 침대에 누워있어야만 했던 시절, 그녀의 침대에는 캔버스와 자기 모습을 볼 수 있는 거울이 있었다. 그녀는 자신의 모습을 외면하지 않았다. 작품에 유독 정면을 응시하는 자화상이 많은 것도 이와 무관하지 않을 것이다.

프리다 칼로처럼 나는 우리에게도 자신을 들여다볼 수 있는 거울이 있다고 믿는다. 그림이나 음악이 아니어도 관심 있는 무언가를 생각하고 만드는 모든 과정에서 그림자를 드러낼 수 있다. 내면을 고백하는 나만의 도구, 당신은 어떤 거울을 들여다보고 싶은가?

## 2. 다른 사람에게 공유해볼 것

앞서 좋은 말도 자주 하게 되면 진정성이 퇴색되어 보일 수 있다고 말했다. 나는 오히려 그림자를 다룰 때 이 점을 활용한다. 빨리 털어내고 싶거나 지긋지긋하게 느껴지는 기억일수록 믿을만한 사람들에게 속마음을 털어놓게 된다. 실컷 얘기하다 보면 어느 순간 그렇게 심각한 문제가 아닐지도 모른다는 생각마저 든다.

한동안 같은 꿈을 반복해서 꾼 적이 있었다. 예전에 직장에서 나를 괴롭게 했던 사람에게 현실에선 차마 하지 못했던 말을 원 없이 하고 나면 꿈에서 깼다. 그에게 받은 상

호감의 시작

처가 생각보다 깊었다는 것을 알고, 그때부터 자책감에서 벗어나려고 했다. 그중 하나가 가까운 이에게 내 상황을 알리는 것이었다.

콘텐츠 제작을 거듭하는 일 역시 비슷한 효과를 주었다. 원하든 원치 않든 적어도 세 번 이상 같은 심연을 마주했기 때문이다. 영상을 위해 스크립트를 쓰면서 한 번, 촬영을 하며 한 번, 편집을 직접 하며 한 번. 이렇게 과거의 상처를 확인한 다음에 구독자에게 공유하는 행위가 그림자를 옅게 만들어주었다. 그렇게 나를 괴롭게 했던 빌런은 나의 뮤즈로 바뀌었고, 마음에 침잠된 그림자는 빛이 된 것을 느낄 수 있었다.

사람들에게 털어놓기 힘들다면 나만 아는 대나무 숲을 만들어보자. 비공개 SNS, 일기장, 혼자 이야기하는 브이로그, 음성 녹음도 괜찮다. 떠드는 행위 자체가 주는 카타르시스는 상처를 치유해 준다. 몰랐던 나의 감정을 발견하거나 깨달음을 얻는 것은 덤이다.


나는 심연을 마주할 때 유머를 섞는 것을 좋아한다. '또 영감을 얻어버렸네', '내가 한 찌질했지'라는 식으로 너무

자조적이지 않으면서 스스로 납득할 만한 유머로 웃어 넘기면 불안함이 한결 가벼워진다. 삶이 무겁게 느껴질 땐, 유머와 해학이 최고의 방책이다.

호감의 시작

# 내일을
# 살아낼 힘

무던하지 않은 성격으로 인해 그동안 꽤 고단했다. 게다가 생각도 많아서 내 마음은 바람 잘 날이 없었다. 거친 환경을 겪기도 했고 삶에 무료할 틈이 없었다. 나만 이렇게 굴곡을 많이 겪는 것인지, 아니면 다들 살면서 겪는 일들인지 자괴감에 빠져있다가 어느 날 드라마를 보고 문득 깨달았다. 인생이 고달파질 땐 드라마 주인공이 되었다고 생각해 보자고.

드라마 주인공은 대개 복잡한 환경에 놓인 입체적인 캐릭터다. 그리고 안팎으로 시련을 겪게 된다. 현실에서는 삶의 난이도를 높이는 위기들이 드라마에선 전개를 흥미롭게 만드는 요소다. 그 때문에 모든 주인공에겐 위기가 필연적이다. 드라마 작법에서 위기 → 해결이 필수로 들어가는 것처럼, 위기가 절정에 치닫고 해결하는 과정에서 주인공은 존재감을 드러내며 시청자는 감정 이입을 하게 된다. 위기가 주연을 주연답게 만드는 것이다. 반면 서브 캐릭디는 평면적이거나 갈등의 양만큼 비중이 생긴다. 주연과 가깝고 중요한 역할일수록 캐릭터가 입체적이고 갈등이 있으며, 비중이 적은 조연일수록 고난이 덜한 편이다.

그런 의미에서 **인생에 굴곡이 많다면 내 삶은 드라마고 나는 드라마를 이끄는 주연이라고 생각해 보자.** 어쩌면 멋지고 스펙타클한 이야기를 완성하는 주인공이 될 재목일지도 모른다. 여기에 한 가지 조건이 있다. 바로 극복 단계다. 발단 → 전개 → 위기 → 절정 → 극복 → 결말이라는 과정에서 '극복'이 없다면 사람들이 좋아하는 드라마 구성이 어려워진다. 인생도 마찬가지다. 마냥 위기만 찾아오진 않을 것이고 언젠가 극복할 것이다.

내게 다가온 시련으로 부정적인 생각이 든다면 당신에

호감의 시작

게는 지금이 '주인공 시즌'이다. 나는 번아웃이 왔을 때가 주인공 시즌이었다. 차에 치이면 2주라도 쉴 수 있을까 생각하며 간신히 버텨내던 출근길, 희미한 동아줄처럼 붙들고 있었던 것은 주인공으로서의 미래였다. 정확히는 머리가 희끗희끗한 나이에 치열하게 살아가는 젊은 후배들에게 나는 결국 극복했다는 후일담을 전하는 날을 상상하며 이 또한 지나갈 것이라고 되뇌었다.

그러나 현재의 삶이 겨울이고 마음에 칼바람을 맞으면 그저 동굴 속으로 들어가 겨울잠을 자고 싶어질 것을 알고 있다. 고통이 성장을 만든다지만 성장통이 괴로워 차라리 그만 컸으면 하고 외치게 되는 것처럼 말이다. 그렇지만 스스로 삶을 꾸려나가야 하는 성인의 대부분은 일을 당장 그만두는 것도 쉽지 않다. 예전의 나는 쳇바퀴 같은 일상이 고통스러웠다. 야근은 기본이고, 야근의 피로가 가시기도 전에 새로운 아이디어를 내면서 결과물을 며칠 내로 만들어야 했다. 하루에 7시간 자는 게 소원이었다. 방학이 없는 직장인은 죽을 때까지 이렇게 살아야 하는 것일까, 남들은 무던하게 잘 사는 것 같은데 나는 왜 그렇지 못할까, 왜 인간관계가 이렇게 힘들고 삶이 고될까 자기 연민에 빠진 적

4장. 독보적 매력을 갖춘다

도 있었다. 쌈닭이 되기도 하고, 살아온 삶을 비관적으로 바라보기도 했다.

감정의 소용돌이를 지나 밑바닥까지 찍고 나서야 극복할 방법들이 보였다. 비련의 주인공으로 새드 엔딩을 맞이하는 게 아닌, 성장 드라마의 주연으로 여기게 해준 생각들이었다. 이 방법은 지금도 힘든 시기가 찾아올 때미다 활용하고 있다.

## 1. 시간의 점을 만든다

20대 초반, 삶의 뿌리가 통째로 흔들린 사건이 있었다. 누구에게도 기댈 수 없었고 세상에 덩그러니 혼자 남겨진 것 같았다. 매일 악몽을 꾸고 울며 깨어나기 일쑤였다. 절망감과 외로움이 극에 달했을 때, 내가 나를 완전히 놔버릴 것 같아 무엇이라도 해야겠다는 생각이 들었다. 당시 휴학했던 나는 하던 공부를 멈추고 필리핀의 작은 섬 타가이타이로 떠났다. 섬에는 전 세계에서 온 청년들이 자급자족하며 살고 있었다. 봉사와 노동을 하며 얻은 소박한 일당으로 장을 보고, 함께 요리해 먹는 게 일상이었다. 한국인이 한 명도 없던 그곳에서 다양한 국적과 사연을 가진 이들과 두 달 동안 생활했고 그 시간이 나를 일으켜 세웠다.

그중에서도 특별한 위로를 나눈 두 친구가 있었다. 룸메이트였던 B는 10년간 알고 지내며 친구로 시작해서 몇 년간 사귀던 남자친구를 갑작스러운 교통사고로 잃었다. B는 남자친구를 잃고 1년간 어두운 옷만 입고 다녔다고 했다. 그런 B가 나에게 해준 이야기가 지금도 마음에 남아 있다.

"우리는 도자기야. 신은 열심히 우리를 굽고 다듬지. 완성을 위해선 뜨거운 불에 들어가야 하는데 그때 우리는 소리를 질러. 왜 이렇게 날 아프게 하냐고. 뜨거워 죽겠다고. 그런데 결국 그건 우리가 완성되기 위한 과정이거든."

또 다른 친구 S는 오빠를 잃은 데다 본인도 협박을 받고 있었다. 오빠가 우연히 마피아의 여자친구와 엮이며 죽임을 당했다. 집 앞에서 오빠의 시신을 발견하고, 본인까지 협박받던 중 먼 나라의 작은 섬으로 피신을 왔다. 그렇게 우린 각자의 짐을 짊어지고 무거운 걸음을 내딛고 있었다.

4장. 독보적 매력을 갖춘다

나는 그 순간이 시인 윌리엄 워즈워스가 말한 '시간의 점<sup>a spot of time</sup>'처럼 느껴졌다. 워즈워스가 쓴 시로 잘 알려진 시간의 점은 우리 모두의 삶에 존재하는 것으로, 인생에서 인상 깊게 남은 경험을 말한다. 저마다 시간의 점을 마음 속에 간직한다면 힘든 시기엔 마음을 회복할 수 있고, 승승장구할 때는 더 높게 성장한다는 의미가 있다.

나는 당시 썼던 일기에 〈시간의 점〉 시 구절을 기록하고 곱씹었다. 주저앉게 만드는 아픔이 있는데도 계속해서 살아갈 힘을 얻을 수 있었던 것은 비슷한 시간을 함께 견디며 서로를 보듬어준 친구들 덕분이었다. 그들과 함께 살았던 경험은 나에게 '시간의 점'과 같다. 그 이후에도 삶의 위기가 극에 달하면 나를 다시 숨 쉬게 했던 시간의 점들을 꺼내본다.

지금도 나는 시간의 점을 많이 만들어 두려고 한다. 좋은 기억과 유대감은 이 세상에 나 혼자만 있는 게 아니라는 것을 알려주니 말이다. 그러니 당신도 **인생에 겨울이 찾아올 때 허전하지 않도록, 타임캡슐처럼 한 번씩 꺼내보면 행복해지는 기억을 마음에 심어두자.**

호감의 시작

## 2. 인생의 금언을 새겨둔다

나는 고민하는 것조차 사치일 정도로 힘든 시기가 되면 수많은 인생 선배의 말을 꺼내 본다. 특히 고전 작가나 철학자처럼 인생을 먼저 살다 간 이들의 문장을 좋아한다. 몇십 년, 몇백 년 전의 시대를 산 사람들이 나와 같은 고민을 하고 이미 답을 찾아 책으로 남겨둔 게 얼마나 다행인지 모른다. 그들의 말에는 시대를 뛰어넘은 공감과 위로가 있다. 비행기를 타고 전 세계를 다니는 세상에 사는 사람이, 마차를 타고 편지를 부치던 시절의 사람에게 받는 위로란 왠지 모르게 낭만적이고 SF처럼 느껴지기까지 한다.

피로에 젖어 지쳐 있을 때 냉정히 반성하기란 결코 불가능하기에 그 반성은 필연적으로 우울이라는 덫에 걸려들 수밖에 없다. 지쳤을 때에는 반성하는 것도, 되돌아보는 것도, 일기를 쓰는 것도 하지 말아야 한다.

– 프리드리히 니체Friedrich Nietzsche, 《아침놀》, 책세상

산산조각이 나면
산산조각을 얻을 수 있지
산산조각이 나면
산산조각으로 살아갈 수 있지
      - 정호승, 〈산산조각〉,《이 짧은 시간 동안》, 창비


　그중에서도 니체와 정호승 시인은 짧은 구절로도 힘을
준다. 이들의 글을 읽으며 내가 맞닥뜨리는 어려움이 시대
를 막론한 보편적인 문제라는 것을 알게 되니, 내 인생은
왜 이럴까 고민하는 자기연민에서 빠져나올 수 있게 된다.
'내가 예민한 건가?', '내가 이상한가?'라는 지나친 자기 검
열의 순간에도 선배들의 명문장을 떠올리며 건강한 생각을
하려고 한다.

　그러니 여러분도 일상을 지탱하고 긍정적으로 살 수 있
도록 해주는 인생의 문장을 만나보길 바란다. 좋아하는 문
장을 발견하고, 가슴속에 오래도록 새겨두는 과정을 통해,
어떤 일이 닥쳐도 흔들림 없이 빛나는 사람이 되어 있을 테
니까.

# 인생에 위기가 찾아올 때 극복할 수 있는 태도

· **드라마 주인공처럼 생각한다.**

드라마는 보통 발단 → 전개 → 위기 → 절정 → 극복 → 결말이라는 순서로 진행된다. 삶의 굴곡을 겪는다면 '위기' 단계에 있다고 생각해 보자. 결국 시련을 이겨내는 주인공처럼 이런 위기쯤은 극복할 수 있다는 생각이 든다.

· **주변인과 유대감을 나눈다.**

털어놓는 것만으로도 해소되는 감정이 있다. 사소하든 큰일을 겪든 서로 공감할 수 있는 가까운 이에게 이야기해 보자. 어쩌면 유대하는 시간이 좋은 기억으로 남을 수도 있다.

· **나만의 인생 금언을 마음속에 새긴다.**

책 속 문장이나 영화의 명대사처럼 살면서 내 마음을 울린 한마디가 있을 것이다. 그 문장들을 모아놓자. 힘들 때마다 들춰보는 것만으로도 위안이 된다.

마지막 장을 쓰며 내 인생 첫 호감의 기억은 누구인지 한 번 떠올려보았다. 어렵지 않게 답을 찾았다. 엄마였다. 엄마는 나뿐만 아니라 여러 사람에게도 호감을 주는 사람이다. 밝고 경쾌하게 웃으며 상대를 반겨주고, 어떤 사람이라도 장점을 먼저 발견하고 말로 표현해 준다. 어린 시절부터 가장 많은 애정을 주고받은 만큼 감사하게도 나는 엄마의 장점을 많이 닮았다. 덕분에 빛나는 사람들을 더 빛나게 만들어주는 PD 일이 잘 맞았고, 호감 가고 매력적인 사람들에 대한 이야기를 쓰는 사람이 될 수 있었다.

하지만 그런 성격이 호감을 얻는 비결인가 하면 그렇지도 않다. 내 성격을 좋아해서 호감을 느끼는 이가 있는가하면 같은 이유로 나를 비호감이라 느끼는 이도 있다. 누군가에겐 최고의 식재료가 누군가에겐 최악의 식재료인 것처럼 말이다. 학창 시절 나를 너무나 미워했던 아이, 이유 없이 나에게 저주를 퍼붓고 사라지는 악플러들의 말과 나를 좋아하는 사람들이 말하는 나의 개성은 표현만 다를 뿐 결국 같다는 사실이 재미있다.

"원래 3루에서 태어난 사람이, 자신이 정말 3루를 친 줄 안다."

어느 날 타 채널에 출연한 나를 향해 이런 댓글이 달렸다. 내가 살아오며 겪은 수많은 어려움을 사람들은 당연히 모른다. 그렇다고 인정받거나 입증하기 위해 굳이 꺼내고 싶진 않다. 내 이야기에 공감하는 사람이 있는 만큼, 누군가는 이를 비웃거나 거부하는 것이 세상이다. 그러니 누군가에게 호감을 얻지 못했어도 기죽지 말자. 미움받지 않기 위해, 호감을 얻기 위해 당신이 가진 고유의 색깔을 억

에필로그

지로 바꾸지도 말자. 누가 알아봐 주지 않아도 나는 나다. 내가 살아온 길과 나의 아름다움, 단점 모두 인정하고 아껴 주면 된다. 적어도 나는 내 삶을 잘 알고 있다. 가장 잘 아는 나 자신의 인정이 세상에서 가장 중요하지 않겠는가.

사람의 마음을 얻는 일은 어렵다. 인류가 발전했지만 아직도 마음을 사로잡는 큐피드 화살 하나 개발하지 못했지 않은가. 모두의 얼굴이 제각각이듯 마음의 모양도 모두 다르고 복잡하니, 아무리 경험을 쌓아도 늘 새로운 것이 관계다. 그래서 나를 알아봐 주고 인연이 된 이들이 더욱 귀하고 소중하다. 누군가에게 호감을 얻고 싶었는데 그렇지 못했다면 얻지 못한 마음을 곱씹고 아파하기보다는 나에게 응답해 주는 또 다른 인연에 감사하는 마음을 키워보자.

이 책을 쓰며 내게 영감을 준 수백 명의 스타들이 떠올라 행복했다. 한편으론 궁금했다. 내가 그들에게 호감을 느낀 만큼 그들도 나에게, 내가 프로듀싱한 프로그램에 호감을 느꼈을까? 아마 내가 가진 마음까진 아닐 것이다. 나의 역할은 그림자와 감초였으므로 나를 기억하지 못하는

호감의 시작

사람이 더 많을 것이다. 그러나 함께했던 순간만큼은 서로 최선을 다해 콘텐츠를 완성했다는 것은 분명하다. 가끔 PD 시절 만난 인연들을 우연히 다시 마주해 그때 이야기를 꺼내면 반갑게 기억하는 이들이 있는 것을 보면 말이다.

사람 때문에 어렵지만 또 사람이 큰 힘을 준다. 그런 의미에서 마지막으로 이 책이 만들어지기까지 힘을 준 사람들을 이야기하지 않을 수 없다. 인생의 가장 어려운 시기부터 지금까지 항상 곁에 있는 나의 사랑, 진정한 사랑의 의미를 알게 해준 나의 껌딱지, 지금의 나를 만들어주신 부모님과 가족들, 기쁨과 슬픔을 진심으로 나누는 둘도 없는 친구들, 감동적인 말씀으로 추천사를 수놓아주신 멋진 인생 선배님들, 3년 만에 책을 쓸 수 있게 도와주고 이끌어주신 북로망스. 그리고 지루한 수상소감 같지만 써보고 싶었던 말. 나라는 저자를 이해하며 여기까지 글을 읽어주는 인내심 넘치고 세상 가장 호감 가는 독자들에게 이 책을 바친다. 당신의 삶을 더 매력적이고 다채롭게 만드는 데 이 책이 다정한 역할을 하길 바란다.

에필로그

# 호감의 시작
ⓒ 희렌최, 2024

**초판 1쇄 발행** 2024년 7월 23일
**초판 5쇄 발행** 2024년 11월 13일

**지은이** 희렌최
**기획편집** 이가람
**콘텐츠 그룹** 정다움 이가람 박서영 이가영 전연교 정다솔 문혜진 기소미
**리커버 디자인** STUDIO 보글
**본문 디자인** STUDIO BEAR
**일러스트** 메종 드 광렬

**펴낸이** 전승환
**펴낸곳** 책읽어주는남자
**신고번호** 제2024-000099호
**이메일** book_romance@naver.com

ISBN 979-11-93937-14-3 03190